Gestión de la calidad del servicio para redes de sensores multimedia inalámbricos

Luis Cobo Campo
Dougglas Hurtado Carmona
Jorge Vengoechea Orozco

Gestión de la calidad del servicio para redes de sensores multimedia inalámbricos

Gestión de la calidad del servicio para redes de sensores multimedia inalámbrico

© 2020. Copyright Primera Edición
Luis Cobo Campo, Dougglas Hurtado Carmona, Jorge Vengoechea Orozco

ISBN (Print):   978-1-716-41484-8
ISBN (Ebook): 978-1-716-36937-7

Contacto: dhurtadoc@pca.edu.co cobo_campo@hotmail.com jvo001@yahoo.es

Portada: Adaptada de Global digital network communications map world. Contenido: #184262542 | © Autor: Max_776. depositphotos.com

Autores

Luis Armando Cobo Campo
PhD. en Ingeniería Informática de la Universidad de Montreal, Canadá, Doctor en Ingeniería de la Universidad de los Andes. Magíster en Ingeniería de Sistemas y Computación, Ingeniero de Sistemas y Computación, Universidad de los Andes. Fue Decano Facultad de Ingeniería de Sistemas. Con más de 15 años de experiencia en la docencia e investigación en las áreas de programación de computadores, sistemas embebidos, nuevos paradigmas de programación, inteligencia artificial y redes de computadores. Fue Decano Facultad de Ingeniería de Sistemas.

Dougglas Hurtado Carmona
Doctor en gestión de la Innovación. Magíster en Ingeniería de Sistemas y Computación, Ingeniero de Sistemas, Universidad del Norte. Docente Investigador y escritor. Fue Decano Facultad de Ingeniería de Sistemas.

Jorge Luis Vengoechea Orozco
Doctor en gestión de la Innovación. Magíster en Administración de Empresas University of Louisville, Ingeniero de Sistemas, Instructor Cisco Networking Academy Program, Docente investigador Universidad Metropolitana de Barranquilla. Asesor Académico. Fue Decano Facultad de Ciencias económicas y administrativas.

COMITÉ CIENTIFICO

Francis Araque Barboza

Doctora en Ciencias Humanas, Magister en Gerencia Pública, Socióloga (Universidad del Zulia, Venezuela). Investigador, docente de posgrado y doctorado, Universidad del Zulia. Universidad Nacional Experimental Rafael María Baralt. Más de 36 años de experiencia profesional. Publicación de artículos. Tutor de tesis de maestría y doctoral. Conferencista internacional. Docente a nivel de pregrado, postgrado y Doctorado, Investigadora principal y coinvestigadora de Proyectos de Investigación, 30 años de experiencia en Docencia e investigación en Educación Superior, integrante del grupo de investigación EDUSAR, tutora de tesis a nivel de pregrado, postgrado y Doctorado, área familia, discapacidad, género, identidades, maltrato intrafamiliar. Profundización en área de filosofía, epistemología e investigaciones cualitativas.

CONTENIDO

Introducción

La red de sensores inalámbricos (WSN) es un sistema formado por un gran número de nodos de sensores autónomos (alimentados por batería), con la capacidad de capturar información ambiental, con poca potencia de procesamiento, y la capacidad de comunicarse con otro de forma inalámbrica [3].

La tarea de capturar información ambiental se lleva a cabo a través de una serie de sensores que forman parte del nodo, y son capaces de medir las condiciones ambientales alrededor del sensor, como la temperatura, la humedad o la luz. El procesamiento de esta información ambiental revela ciertas características de los objetos situados alrededor del nodo y/o eventos que tienen lugar cerca del propio nodo.

El sensor envía esta información recopilada (conocida como "datos escalares") generalmente a través de la radio, a una estación base o receptor, ya sea directamente o a través de nodos de la red [2]. Estas redes de conocimientos tienen aplicaciones en todo el mundo y variedad de rangos; por ejemplo, para monitorear el estado de los pacientes [6], monitoreo en tiempo real de objetos, monitoreo crítico de alrededores (específicamente erupciones volcánicas y terremotos), monitoreo de la integridad estructural de edificios y torres [5, 13], monitoreo de campos de batalla [28], etc.

Las redes de sensores inalámbricos forman parte de un nuevo paradigma dentro del mundo de las redes llamado: (Internet de las cosas - IoT) [50] que se está convirtiendo en un tema muy popular tanto para los investigadores del mundo académico como para las empresas en el campo comercial.

El principio de este paradigma es considerar objetos o cosas como capaces de interactuar o cooperar entre sí para llevar a cabo tareas que son útiles para los seres humanos. Tales objetos o cosas incluyen varias etiquetas de identificación por radiofrecuencia (RFID), redes de sensores, actuadores, electrodomésticos, teléfonos móviles, entre otros.

Las características mencionadas anteriormente conducen a una enorme cantidad de restricciones en las redes de sensores

1

inalámbricos, por ejemplo, problemas relacionados con la tolerancia a fallas (de nodos y enlaces), escalabilidad de la red (qué hacer cuando se trata de una nueva serie de nodos), costos de producción, topología de red, entorno de operación, restricciones de hardware, consumo de energía, mecanismos de programación, etc.

Todas estas series de problemas relacionados con WSN han llevado a un conjunto exhaustivo de investigación durante los últimos años; dicha investigación se centra principalmente en la cooperación con sensores para recopilar información, procesamiento distribuido, enrutamiento de información y eficiencia en el consumo de energía.

Este último elemento ha requerido la mayor cantidad de investigación, debido al hecho de que es, probablemente, el parámetro más importante a tener en cuenta al diseñar un WSN [7].

Este es un requisito crucial para que los nodos del sensor "sobrevivan" (función, proceso, captura de información, comunicación) con la cantidad limitada de energía proporcionada por las baterías. Sin embargo, gracias al rápido desarrollo y progreso de estos sensores, así como de los sistemas microelectromecánicos (MEMS), computación integrada y disponibilidad y precios bajos de cámaras y micrófonos basados en CMOS (semiconductor complementario de óxido metálico) junto con el significativo de progreso de la señal de progreso distribuido procesamiento y multimedia codificación han tenido; ha surgido un nuevo tipo de red de sensores, las Redes inalámbricas de sensores multimedia (WMSN).

Podemos definir un WMSN como una red de nodos sensores de forma inalámbrica conectados entre sí y equipados con dispositivos multimedia como cámaras y micrófonos. Así son capaces de capturar secuencias de audio y vídeo desde su entorno, así como datos escalares (temperatura, luz, presión, etc.) [4].

Estas WMSN permitirán el desarrollo de una amplia gama de aplicaciones que requieren la captura de información audiovisual del medio ambiente, tanto en el ámbito militar como en el civil. Esta gama de aplicaciones incluye monitoreo fronterizo, monitoreo industrial y ambiental, control inteligente de trafico en ciudades, asistencia automática a personas mayores (telemedicina), control industrial, ubicación de minas terrestres, etc.

En particular, el uso de datos multimedia tiene el potencial de mejorar los niveles de información recopilada, aumentar la gama de cobertura de sensores y permitir múltiples vistas de resolución en los lugares donde se han producido eventos [7].

Sin embargo, a pesar de la gran cantidad de aplicaciones que WMSN puede inspirar, tales aplicaciones presentan características y desafíos particulares, junto con los que ya hemos encontrado en las redes de sensores inalámbricos. Los desafíos están en camino de ser resueltos y todavía plantean limitaciones para una expansión y uso más amplios.

Uno de estos desafíos a la hora de introducir WMSN es la naturaleza en tiempo real de la información multimedia que fluye a través de estas redes. Además, hay otros requisitos tales como un ancho de banda más amplio, retardos "tolerables" en la entrega de paquetes de origen a destino, un jitter adecuado y una baja tasa de pérdida de paquetes.

Todos estos factores se conocen como parámetros de calidad de servicio que cada red debe ofrecer a las diferentes aplicaciones que trabajan a través de ellos. Es importante recordar que WMSN se enfrentan a la mayoría de las restricciones que WSN tiene, tales como energía limitada, mala memoria disponible y capacidad de procesamiento, etc., y todavía tienen que manejar una gran cantidad de datos que se ven comúnmente en las aplicaciones multimedia que trabajan en tales redes, y por supuesto, tienen que soportar determinados tipos de tráfico (multimedia y escalar, para empezar) fluyendo a través de ellos.

Por lo que sabemos, según la revisión de la literatura, la mayoría de los artículos encontrados hasta ahora se centran en considerar el consumo de energía como el único problema a resolver a la hora de crear soluciones para este tipo de redes. Otros parámetros de calidad de servicio, que son críticos para la gestión y el rendimiento, generalmente se olvidan.

Del mismo modo, en este campo de investigación, nos centramos en los mecanismos de implementación de diferentes parámetros de calidad de servicio dentro de WMSN, y cómo implementar (instalarlos) estas redes en un campo de trabajo tridimensional.

Capítulo 1. Contextualización de la temática

Las aplicaciones WSMN son variadas y abundantes, y aumentan a medida que se desarrolla la tecnología. Existen ciertos tipos de aplicaciones diseñadas para este tipo de redes, por ejemplo, las relacionadas con la vigilancia fronteriza, donde es común encontrar escenarios con una gran cantidad de sensores multimedia instalados en una vasta extensión de terreno.

En ese caso, una gran cantidad de paquetes con información multimedia, así como datos escalares, se transmiten a la estación base (nodo recolector) para su análisis y toma de decisiones posteriores. Podríamos concluir que hay una necesidad importante en términos de ancho de banda para estos paquetes, y sobre todo, una restricción significativa en términos de tiempo para que los paquetes lleguen a su destino.

Las soluciones actuales desarrolladas para redes de sensores inalámbricos no tienen en cuenta la generación y el transporte de estos datos multimedia. La gran escala de estos datos hace que esas soluciones no sean adecuadas para WMSN. Aunque se han desarrollado soluciones específicas para WMSN, descubrimos que son incompletas o no tienen en cuenta características importantes de dichas redes, dejando un campo abierto a la investigación, como señalan los autores en [64].

Para ello, los paradigmas actuales de las redes de sensores tienen que ser "rediseñados" integrando mecanismos que permitan la transmisión de contenidos multimedia con cierto grado de calidad de servicio.

Centrándonos en el tema de las redes de sensores, descubrimos que la conservación de la energía y la contaminación principal de la red operativa el mayor tiempo posible, son los desafíos más importantes de las redes que hemos rastreado en la literatura relacionada. La mayoría de estos algoritmos y protocolos utilizan la restricción de energía como un elemento principal dentro de su concepción y función [1, 15,64], pero no tienen en cuenta el problema de la calidad del soporte de servicio para WMSN, o lo tratan sólo superficialmente, es por eso que este tema sigue siendo un problema sin resolver que requiere soluciones creativas.

La siguiente es una lista de problemas relacionados con la calidad del servicio de WMSN que hemos descubierto en la literatura y son importantes superar:

Mecanismos inadecuados de control de admisión en el momento en que un nodo genera un nuevo flujo de datos multimedia al nodo recolector, se requieren ciertos procesos para saber si la red cuenta con suficientes recursos para satisfacer la demanda de calidad de servicio de este nuevo flujo. Tales demandas se expresan, por ejemplo, en un ancho de banda dado, la capacidad de los enlaces para comunicarse, máxima pérdida de paquetes de rutas, etc.

Protocolos de control de admisión encontrados en la literatura (particularmente los descritos en [55] y [80]) no son relevantes y no lo suficientemente extensa teniendo en cuenta las demandas de los flujos multimedia que se espera que fluyan a través de un WMSN. El hecho es que estas soluciones sólo consideran el consumo de energía como la única condición para la admisión de un nuevo flujo de datos.

Por lo tanto, se olvidan de otros aspectos importantes como el ancho de banda y el "retraso" desde el principio hasta el final o el jitter. Es por ello que consideramos necesaria la tarea de crear algoritmos que nos permitan llevar a cabo el control de admisión para WMSN, que deben tener en cuenta diversos elementos de calidad de servicio, no sólo de energía.

Protocolos incompletos que respaldan la calidad del servicio para WMSN: Como hemos mencionado, se encontraron muchos protocolos de enrutamiento para redes de sensores inalámbricos. Como más popular, podemos identificar aún más protocolos centrados en este tipo de redes.

Sin embargo, de acuerdo con nuestro conocimiento después de una extensa revisión de la literatura, estos protocolos no resuelven todos los problemas relacionados con el enrutamiento de la información multimedia, o lo hacen incompleta y parcialmente.

Entre los problemas que encontramos, podemos mencionar los siguientes:

Soporte insuficiente para el tráfico heterogéneo: El tráfico multimedia requiere un alto nivel de heterogeneidad, debido al hecho de que se compone de audio,

y probablemente imágenes. Además, también es importante tener en cuenta que, dentro de una red de sensores, los flujos de datos escalares, también (luz, presión o temperatura), que son capturados por sensores escalares pertenecientes a la red. En otras palabras, los protocolos creados para WMSN tienen que hacer frente a un conjunto diverso de información que fluye a través de ellos.

En la literatura, hemos encontrado protocolos especializados en transmisión de vídeo (como los paquetes propuestos por [66] y [46]), pero estos no tienen en cuenta los elementos críticos para la transmisión de información multimedia, como la gestión de múltiples propiedades para paquetes, o ni siquiera tienen en cuenta la existencia de un tráfico heterogéneo dentro de la red.

Aunque hay otros que sí consideran la heterogeneidad del tráfico, ignoran las particularidades y especificidades de la información multimedia que fluye a través de la red. Por lo tanto, es necesario desarrollar un nuevo protocolo para WMSN, que permita manipular y clasificar todos los tipos de tráfico diferentes dentro de la red; y al mismo tiempo, se pueden establecer nuevas prioridades para los paquetes teniendo en cuenta las demandas de las aplicaciones.

Inadecuación para el soporte de comunicación en tiempo real: es común tener transmisiones de audio y video en tiempo real dentro del WMSN (streaming). Esto exige protocolos de enrutamiento y el transporte de información para proporcionar niveles mínimos de calidad de servicio para lograr un esquema de comunicación en tiempo real.

Aunque existen protocolos WMSN como SPEED [39], MMSPEED [29] y PASPEED [75] que soportan en tiempo real a través de la "velocidad del paquete" del paradádigo (así que la aplicación y los nodos intermedios son capaces de calcular el tiempo que tarda un paquete en alcanzar el nodo recolector), todavía hay una necesidad de otros esquemas WMSN en tiempo real para asegurar límites de tiempo precisos para que los paquetes fluyan y alcancen sus destinos dentro del trabajo neto. Estas necesidades de gestión del tiempo son fundamentales para la transmisión de audio y vídeo.

Diferentes enfoques para la transmisión de vídeo se pueden encontrar en la literatura, para la postura, el protocolo propuesto en [54], que busca transmitir vídeo de forma continua y con límites de tiempo y uso eficiente de la energía; sin embargo, los autores no tienen en cuenta cuestiones importantes en la comunicación multimedia: diferentes tipos de tráfico, así como aspectos de calidad de servicio antes mencionados.

Es por eso que consideramos este protocolo como una solución incompleta para la transmisión de información multimedia dentro de un WMSN.

Falta de soporte para la calidad del servicio en función de las condItiicscioomne- s de la red: mon para encontrar situaciones particulares dentro de la red que afecten a la selección de una determinada ruta. En particular, estos son: energía residual en nodos intermedios, congestión encontrada en un link inalámbrico, el tamaño de la línea de espera donde los paquetes se almacenan temporalmente antes de ser enviados al siguiente nodo en la ruta, etc. Una decisión de ruteo basada en tales medidas puede eliminar las rutas que no pueden soportar las misiones trans con un ancho de banda apropiado o pueden introducir retransmisiones debido a la congestión en un segmento de la ruta o a las condiciones deficientes del canal.

El protocolo introducido en [1] es un buen ejemplo de un protocolo adaptado a las condiciones de la red. Sin embargo, debe mejorarse porque no está considerando la memoria utilizada en los nodos como un elemento importante al encontrar una ruta. Además, obliga a cada nodo a tener un conocimiento total de la topología de la red para obtener rutas adecuadas, lo que hace que la implementación sea una tarea casi imposible.

Los protocolos basados en la heurística de Colonia de hormigas [52, 68, 71, 86] ofrecen la posibilidad de encontrar rutas basadas en múltiples medidas de calidad de servicio. Estos protocolos tienen en cuenta la condición de los nodos que pertenecen a la red, así como el de los vínculos al establecer una ruta entre un nodo de origen y un nodo de destino. Además, esta adaptabilidad a las condiciones de red les permite mejorar la "vida útil" de la red y equilibrar el peso del enrutamiento en un mayor número de nodos.

A pesar de esto, los protocolos mencionados también tienen ciertos errores. Por ejemplo, no pueden manejar la diversidad del tráfico que fluye a través de la red, y no administran prioridades para diferentes tipos de paquetes que no pueden alcanzar un nodo específico en una ruta específica. Además, estos protocolos no pueden especificar la importancia de cada medida de calidad de servicio al elegir una ruta.

Capítulo 2. Fundamentación noológica

Calidad de servicio en redes inalámbricas de sensores multimedia

La gestión de servicios de calidad en redes de sensores multimedia inalámbricas (WMSN) sigue siendo un gran desafío para los investigadores. Como se menciona en [4] y [8], hay varios problemas sin resolver en este tipo de redes, y muchos trabajos apuntan a solucionar esos problemas.

A lo largo de este capítulo, con el objetivo de contextualizar la investigación, presentaremos algunos de los problemas a los que se enfrentan los investigadores a la hora de trabajar en el mundo de WMSN, y cómo se han resuelto esos problemas. Nos centraremos en las obras que se encuentran en la literatura que tratan problemas relacionados con el servicio de calidad en protocolos de capa de aplicación, transporte y red (enrutamiento).

Capa de aplicación

En las redes inalámbricas de sensores multimedia, las aplicaciones tienen demandas precisas y particulares. Debido al tipo de información que fluye a través de los diferentes enlaces de la WMSN, los protocolos de capa de aplicación tienen que estar especialmente diseñados para soportar los exigentes requisitos de visualización de aplicaciones.

Según los autores [36] y [4], uno de los problemas más complejos de resolver en WMSN tiene que ver con el control de admisión que ofrece la capa de aplicación. Este control de admisión consiste principalmente en mecanismos de búsqueda para evitar que las aplicaciones abran o establezcan flujos de comunicación entre los nodos de la red y el nodo recolector (la estación base de la red), cuando los recursos requeridos por el flujo no están disponibles o se agotan. La disponibilidad de recursos se expresa mediante parámetros de servicio de calidad que exige la aplicación.

11

Como se indica en [4], WMSN debe proporcionar servicios diferenciados para diferentes tipos de paquetes que fluyen a través de él. Particularmente, la red debe diferenciar los paquetes que exigen entrega en tiempo real de los que pueden tolerar retrasos, o incluso, los flujos que admiten la pérdida de paquetes y los que no haga. Además, existen aplicaciones que exigen un flujo continuo de datos multimedia desde la fuente al destino durante largos períodos de tiempo (streaming multimedia), ya que hay otras aplicaciones que sólo necesitan "observaciones" de datos obtenidos durante períodos de tiempo más cortos (contenido multimedia de instantáneas).

Los autores [60] presentan un algoritmo de control de admisión para el flujo de datos de aplicación, cuyo propósito es maximizar la vida útil de los nodos que pertenecen a la red. El algoritmo tiene en cuenta los requisitos que la aplicación exige en cuanto al ancho de banda y la fiabilidad (de los paquetes de llegada a su destino) de la red. El algoritmo se basa en el total conocimiento de la red y el estado de los diferentes nodos dentro de esta red. Autores proponer un algoritmo centralizado que, a partir de la información de que dispone, decida si aceptar nuevos flujos de información que ingresan a la red.

Sin embargo, los autores pasan por alto la forma dinámica de obtener información actualizada de la red; ellos no mencionan ya sea protocolos o información necesaria para que la estación base recopile esos datos. Está claro que la solución presentada es la mejor; sin embargo, consideramos que los autores no son realistas al proponer este algoritmo, omitiendo una gran cantidad de cabos sueltos y elementos no considerados. Otra solución interesante al problema del control de admisión se encuentra en [16].

Los autores proponen un esquema original para medir, en tiempo real, el consumo de energía de un nodo de sensor en la red. A partir de estas medidas, el método encuentra una solución óptima al problema del control de admisión, y considera que la cantidad de energía que la nueva aplicación necesitará de los diferentes nodos de la red. Si los nodos pueden proporcionar la cantidad de energía demandada durante el tiempo que tarda la aplicación en ejecutarse, se admite dicha aplicación.

Si no se encuentra la solución óptima, se rechaza la aplicación. Sin embargo, esta decisión se toma de forma centralizada desde un conocimiento completo del estado de la red. La solución óptima se desarrolla utilizando un algoritmo, cuyo tiempo de respuesta es bastante pobre (puede tomar minutos para decidir si una aplicación es admitida o no) y los autores no presentan Mecanismos para recopilar información de los nodos y transmitirla de manera confiable a la estación base de la red. La implementación del algoritmo es utópica y podría verse como un ejercicio académico en lugar de una solución real.

Entre los esquemas de control de admisión específicamente diseñados para WMSN podemos mencionar el presentado en [55]. Los autores de este artículo presentan un protocolo de transporte que incluye un mecanismo de control de admisión cada vez que se abre una nueva conexión de datos entre un nodo y la estación base de la red (el receptor). El algoritmo formulado en este trabajo se basa en el concepto de "Acuerdo de calidad de servicio en cada salto".

En otras palabras, cuando un nuevo El flujo de agua entra en la red, éste demanda una serie de requisitos de calidad de servicio, que deben cumplirse desde el origen hasta el destino. Estos requisitos de "extremo a extremo" son garantizado mediante el establecimiento de "acuerdos locales" en cada salto o enlace que forman parte del recorrido a través del cual se transmitirán los paquetes del nuevo flujo.

Sin embargo, el algoritmo es fuertemente limitado a la tecnología de radio UWB (Utra Wide Band) y al enrutamiento geográfico dentro la red (limitada a la presencia de GPS en los nodos). Estos tipos de tecnologías son hoy en día no es muy común en las redes de sensores; además, tienen el inconveniente de alto consumo energético, tanto para sensores escalares como multimedia.

Además, todos sabemos la importancia de la energía en WMSN; sin embargo, los autores consideran que este parámetro es irrelevante en el proceso de admisión de un nuevo flujo de datos en la red. Existe una alta probabilidad de que el protocolo para producir "falsos positivos" debido al esquema de contrato local que puede resultar en el rechazo a la admisión de flujo, incluso si los recursos necesarios están disponibles en la red. Capa cruzada

Otro esquema (capa cruzada) para el control de admisión en

redes de sensores se encuentra en [80]. Se presenta un algoritmo de control de admisión para los paquetes que necesitan restricciones en tiempo real, teniendo en cuenta tanto el retardo máximo que pueden soportar los paquetes como la confiabilidad de la red. Además, el protocolo se comporta como un control de tráfico para paquetes que no necesitan servicio en tiempo real, buscando una "proporción justa" entre ambos tipos de paquetes.

El algoritmo funciona en un nivel de red, pero utiliza la información originada en la capa MAC, lo que permite una toma de decisiones más precisa en las rutas. Es importante señalar que el tiempo que tardan los paquetes en alcanzar su objetivo, y la confiabilidad de la red son factores críticos para la transmisión de información multimedia. Este protocolo descuida otros parámetros cruciales con respecto al servicio de calidad en la red, como el

Jitter o ancho de banda. Por último, uno de los principales problemas encontrados en este algoritmo es que la admisión de nuevos flujos a la red se lleva a cabo a partir de la información local que tiene cada nodo, omitiendo preguntar a los vecinos sobre su capacidad cuando se admite el nuevo flujo.

En [84], los autores proponen una reserva de recursos distribuidos en una red, introduciendo un nuevo método de control de admisión que busca garantizar un buen desempeño de los servicios que requieren un servicio de calidad. Aunque el protocolo se centra en redes de malla, la mayoría de sus principios son aplicables a las redes de sensores. La solución propuesta establece el uso de clus- ters lógicos entre los nodos de la red.

Este es el principal problema. Los autores solo hacen reserva de ancho de banda entre nodos principales (cabezas de clúster), ignorando el uso entre nodos secundarios y principales.

Aunque señalan que los grupos creados se pueden cambiar, cuando surgen problemas de congestión y ancho de banda, no consideran que los reagrupamientos puedan afectar los flujos existentes. Finalmente, los autores no consideran otros elementos de calidad de servicio para control de admisión. Además, no se dan pistas sobre cómo modificar el protocolo para agregar nuevos requisitos para la admisión de flujo o una nueva aplicación a la red.

Capa de enrutamiento

La capa de red de un WMSN es la que transporta datos entre cada nodo y la estación base (nodo recolector), y se convierte probablemente en el elemento más importante de la prestación de servicios de calidad, gestión en red. Esto sucede porque:

Esta capa se encarga de obtener y mantener rutas eficientes, en las que se tuvo en cuenta el consumo energético. Además, estas rutas están destinadas a ser estables y satisfacer los parámetros de servicio de calidad que exige la capa de aplicación

Además, esta capa funciona como intermediario entre la aplicación y el MAC capa, y permite el intercambio de parámetros relacionados con el rendimiento de transporte de información entre ambas capas.

Es importante tener en cuenta que debido a las altas demandas de recursos que las aplicaciones multimedia colocan en el WMSN, y la baja disponibilidad de estos recursos entre los diferentes nodos, la concepción y la implementación de un protocolo de enrutamiento parecen ser una tarea difícil de lograr. Además, como hemos dicho anteriormente, esta capa de ruteo funciona como intermediario entre la capa de aplicación y MAC de cada nodo en la red.

Del mismo modo, la capa de ruteo tiene conocimiento de las diferentes características de las rutas encontradas entre cada nodo y la estación base. Está claro que la capa MAC tiene la tarea de gestionar las características de la comunicación punto por punto entre los diferentes enlaces de la red, pero no gestionar la comunicación de extremo a extremo entre un nodo y la estación base.

Por último, la capa de aplicación no tiene ninguna información sobre las condiciones de la red y solo contiene la información que la aplicación necesita para su funcionamiento. Estas son las razones por las que, para satisfacer los requisitos de calidad exigidos por la capa de aplicación, es necesario que estos tres laicos trabajen juntos.

Sin embargo, la capa de enrutamiento es la única que puede establecer la conexión entre los parámetros de servicio de calidad (exigidos por la capa de aplicación) y los parámetros de rendimiento administrados por la capa MAC. Del mismo modo, gracias a los comentarios proporcionados por la capa MAC a la capa de aplicación, este último puede llevar a cabo ajustes a sus propios parámetros.

La calidad del servicio es una solución típica hoy en día para los protocolos de capa de enrutamiento que transportan información multimedia. Sin embargo, implicar un soporte de servicio de calidad en los diferentes protocolos de un WMSN resulta ser difícil. Hay una razón simple para esto: restricciones de energía que tiene cada nodo, potencia de cálculo limitada y poca memoria.

A pesar de todo esto, hay una gran cantidad de investigación dentro de la literatura relacionada con los protocolos de capa de enrutamiento (o transporte) que permiten la gestión de servicios de calidad y el transporte de información multimedia. Según la literatura, estos protocolos se ajustan a una de las tres categorías siguientes: basado en IntServ [17], basado en DiffServ [34] y enrutamiento a múltiples rutas [15].

Protocolos basados en IntServ

Los protocolos basados en IntServ utilizan la reserva de recursos para cada flujo de datos. Varios trabajos se basan en este mecanismo y han buscado la manera de aplicarlos a WMSN. Por ejemplo, los autores de [39] proponen un protocolo de enrutamiento para redes de sensores conocido como: SPEED. Éste protocolo se basa en el concepto de comunicación en tiempo real de una manera suave que significa que el verdadero tiempo real no está asegurado cuando se entregan los paquetes; el esfuerzo óptimo se hace en la tarea.

Además, SPEED este protocolo utiliza un esquema geográfico no determinista de construcción de rutas, y no busca mantener el estado de las rutas que se encuentran en los nodos pertenecientes a la red (Reenvío geográfico no determinista sin estado). Un aspecto interesante del enrutamiento geográfico es que no es necesario establecer rutas cada la información de tiempo se enviará desde el origen al destino. La ruta se calcula cada vez que se van a enviar datos.

En el protocolo SPEED, los nodos de la red tienen que

soportar el concepto de velocidad máxima de transmisión para los diferentes paquetes que fluyen a través de la red. Los autores definen este concepto como la velocidad de los paquetes que avanzan a través de la línea entre la fuente y el destino.

A partir de esta definición podemos deducir que el "retardo de extremo a extremo" en la red es totalmente proporcional a la distancia física entre el origen y el destino. Si una aplicación necesita una velocidad mayor que la "velocidad máxima de transmisión", la aplicación será rechazada y los paquetes no se enviarán.

El algoritmo de ruteo calcula el retardo de transmisión que tendrá cada paquete, utilizando la distancia entre el nodo actual y el destino final de cada paquete, así como la velocidad máxima de transmisión. Este esquema es muy similar al propuesto en el modelo IntServ en el que se admiten nuevas conexiones solo si la red puede garantizar que es capaz de soportar el nuevo flujo de datos.

Además, si algunos enlaces de la ruta elegida sufren congestión y no puede soportar la transmisión máxima velocidad, el protocolo ofrece mecanismos para desviar el tráfico a otras rutas, que pueden no ser así de corto, pero menos congestionado.

Para lograr esto, SPEED utiliza una técnica llamada re-routing de contrapresión, que busca superar el deterioro debido a la congestión de los links durante la transmisión de paquetes. Esta técnica evita que los paquetes fluyan a través de los links congestionados, buscando mantener la velocidad de transmisión de tales paquetes. A pesar de su originalidad, un defecto importante es que SPEED carece de la administración de prioridad para los diferentes paquetes que fluyen a través de la red.

Esto está vinculado a su incapacidad para diferenciar el contenido de un paquete, tratando un paquete multimedia y uno escalar de la misma manera. Además, tenemos que considerar el hecho de que los nodos no pueden transmitir a una velocidad mayor o similar a la que se ha establecido el protocolo.

Si el paquete necesita una velocidad de transmisión más alta (por ejemplo, en caso de que la pérdida de tiempo necesite ser recuperada debido a la congestión) no es posible, incluso si la red podría soportar esa velocidad.

Esta diferenciación de contenido es importante si queremos ofrecer un servicio de calidad en la transmisión de información multimedia, esto hace que el protocolo sea una alternativa inviable que se utilizará en la información de enrutamiento para un WMSN.

PASPEED (Power Adaptive SPEED) es una actualización para el protocolo SPEED propuesto por los autores de [75]. Este protocolo utiliza un ruteo geográfico (basado en la posición de cada nodo) para llevar los paquetes a la estación base o al receptor. Al igual que SPEED, PASPEED mantiene una velocidad de transmisión para diferentes paquetes que fluyen a través de la red, pero buscando eficiencia en el consumo de energía. El protocolo calcula la distancia al hundimiento de todos sus vecinos, dando una estimación del tiempo que tomará a cada vecino rutear el paquete a su destino.

Además de este cálculo de velocidad, el protocolo también tiene en cuenta la energía necesaria para transmitir el paquete a cada vecino, y utilizará este parámetro para elegir al mejor vecino a quien "pasar" el paquete durante su viaje al receptor. Para su funcionamiento, el protocolo tiene los siguientes componentes:

- Tabla de Vecinos: con información relevante sobre los vecinos de cada nodo. Esta información incluye la energía residual en cada nodo, su posición geográfica y el tiempo se necesita al nodo para transmitir paquetes al receptor.

- Un indicador de "retardo" que permite a cada nodo saber cuánto tiempo tomará un paquete llegar a su destino final.

- Un indicador de velocidad que permite a cada nodo calcular la velocidad de un paquete si ruta en particular.

- Un diferente de paquetes, para dar a los paquetes que llegan a un nodo diferentes velocidades de secuencialmente, los paquetes que pertenecen a los flujos de vídeo establecidos entre un nodo y el receptor alcanzan una velocidad más alta que los que solo llevan información escalar.

- Un esquema de enrutamiento por contrapresión, es una alternativa para gestionar la congestión en los nodos que permite que los paquetes superen "huecos" en las rutas hacia el destino, buscando alternativas en otras rutas, aunque sean más largas y lentas.

Aunque, según los resultados del artículo, el nuevo protocolo PASPEED supera a su predecesor SPEED, sigue teniendo problemas relacionados con las necesidades de transmisión de escalares y información multimedia en un WMSN.

El protocolo maneja la diferenciación de paquetes, pero no con- sider un paquete "escalar" para ser más importante que un paquete de vídeo. Además, sólo gestiona dos líneas (y con esto, dos prioridades) una línea para paquetes multimedia, y la otra para paquetes escalares (información que no es de video, como temperatura o presión, capturada por sensores "normales").

Ttenemos que añadir que la gestión de energía se considera correctamente dentro del protocolo, pero otros parámetros de qualityservice se ignoran como el jitter o la pérdida de paquetes al encontrar una ruta.

Por último, el protocolo se centra en las redes que son capaces de obtener la posición de cada nodo, generalmente utilizando un GPS (que causará una mayor demanda de energía y, por lo tanto, un tiempo de vida más corto) y antenas direccionales para lograr una mayor velocidad de transmisión (lo que implica más consumo de energía en cada nodo).

Protocolos basados en DiffServ

El enfoque utilizado por DiffServ es muy popular entre los diferentes protocolos de enrutamiento para las redes de sensores que se encuentran en la literatura. En este enfoque, los diversos paquetes que se transmitirán se clasifican primero por los niveles de prioridad.

Cada uno de estos niveles muestra diferentes "garantías" de tiempo, ancho de banda, fluctuación, etc. Cada prioridad representa un tipo diferente de tráfico, y también cada paquete pertenece exclusivamente a uno de estos tipos de servicio con respecto a las necesidades de la aplicación de origen.

El protocolo SAR presentado en [72], que sigue a DiffServ, utiliza un esquema de prioridad constante para cada paquete. En este protocolo, cada paquete que pertenece a un flujo de datos tiene una prioridad que es siempre el mismo durante todo el período de tiempo que el paquete fluye a través de su destino.

SAR utiliza un enfoque de múltiples rutas basado en tablas de enrutamiento para descubrir diferentes rutas que responden a las demandas de servicio de calidad de la aplicación. También consideran las necesidades de conservación de energía dentro de las redes de sensores.

Su funcionamiento se puede describir de la siguiente manera: el nodo de origen selecciona una ruta determinada entre todos los detectados anteriormente, teniendo en cuenta los requisitos que plantea la aplicación con respecto a los retrasos máximos que los paquetes pueden experimentar. También busca un equilibrio de consumo de energía de diferentes nodos donde los paquetes fluirán.

Dichos nodos intermediarios tienen en cuenta la prioridad que tiene cada paquete al transmitirlos al siguiente nodo en una ruta. La ventaja que ofrece este enfoque es su capacidad de soportar diferentes tipos de tráfico para paquetes.

Sin embargo, las tablas de ruteo usadas en este protocolo pueden ser un problema debido a la capacidad de memoria limitada de los sensores hoy en día. Además, si consideramos que esas tablas pueden crecer mientras que la topología de red cambia, algo muy común en las redes de sensores.

Otro problema tiene que ver con el hecho de que el protocolo no tiene un mech- anismo de cambio de prioridad para un paquete, impidiendo que los nodos intermediarios actúen frente a cambios inesperados en las condiciones de red.

Los autores de [1] proponen un protocolo interesante, basado en proporcionar un servicio de calidad para el tráfico generado por un WMSN, que consiste principalmente en sensores visuales (imagen). Este protocolo también utiliza un esquema de prioridad constante en el que todos los paquetes que se transmitirán en "tiempo real" tienen la misma prioridad.

El protocolo trabaja con el concepto de "costo de enlace". Este costo se define a partir de la energía residual de cada nodo, la energía consumida durante la transmisión de un paquete, la tasa de error de comunicación las experiencias de enlace y otros parámetros de comunicación. Además, todo el tráfico en la red se divide en exactamente dos tipos: mejor esfuerzo y tiempo real.

En cada nodo hay una línea de paquetes para cada uno de

estos tipos de tráfico. A partir de esto, el protocolo busca varias rutas desde el nodo hasta el destino, utilizando una versión extendida del algoritmo Dijkstra. Después de eso, el nodo de origen selecciona una de las rutas, entre las que cumplen los requisitos que la aplicación exigía (en el artículo, solo se menciona el requisito de demora) y, a continuación, envía el paquete al nodo siguiente.

Cada nodo de la ruta clasifica el paquete recibido según los dos tipos antes mencionados, dando mayor prioridad de entrega a esos paquetes en tiempo real. A pesar de esto, el algoritmo de entrega de paquetes no permite el bloque indefinido en líneas de paquetes clasificados como el mejor esfuerzo.

El valor de este protocolo reside en el hecho de que garantiza la transmisión de paquetes de mejor esfuerzo, así como maximizar el rendimiento de los paquetes en tiempo real. La principal dificultad sería la falta de múltiples prioridades para el tráfico "en tiempo real". Es común encontrar aplicaciones multimedia que gestionan paquetes con diferentes requisitos de servicio de calidad, y debido a eso, este protocolo no sería adecuado para este tipo de aplicaciones.

Por otro lado, los autores del protocolo establecen que, para encontrar diferentes rutas, es fundamental tener un conocimiento exhaustivo de la topología de red en cada uno de los nodos. Esto hace que el algoritmo no sea escalar, (incapaz de reaccionar a tiempo a los cambios de topología) y encontrar tal topología completa podría ser un proceso lento y a veces inútil.

En el trabajo [29] un mecanismo para la transmisión de paquetes en redes de sensores conocido como Multi-ruta Se presenta el Protocolo de enrutamiento de velocidad múltiple (MMSPEED). Este protocolo utiliza diferentes categorías para todos los paquetes que fluyen a través de la red, y estas categorías pueden cambiar en cualquier nodo en la red. MMSPEED proporciona un esquema que garantiza un servicio de calidad en dos dominios principales: gestión del tiempo y fiabilidad (confianza en que los paquetes llegarán a su destino).

En cuanto a la fiabilidad, ésta se obtiene gracias a la idea de un enrutamiento multi-trayecto, con una serie de rutas encontradas que dependen de la tasa de "fiabilidad" que requiere el paquete. En cuanto al tiempo, la transmisión de paquetes dentro de un cierto período de tiempo se elimina en función del concepto de: "velocidad del paquete" (un concepto heredado del protocolo SPEED mencionado anteriormente)

Este esquema también utiliza un enrutamiento geográfico, incluido el procedimiento de compensación dinámica de la posición, ya que los nodos intermedios llevan a cabo la toma de decisiones de dónde enviar un paquete basado únicamente en la información que pueden recopilar localmente.

Además, los nodos entre mediaciones de la ruta tienen la capacidad de aumentar la velocidad de transmisión de un paquete, en caso de que no pueda alcanzar su destino utilizando la velocidad de transmisión actual.

MMSPEED tiene el problema, de todos modos, de depender completamente de IEEE 802.11e como su única capa MAC aceptada, y utiliza la mayoría de los mecanismos de asignación de prioridad que ofrece 802.11 para alcanzar sus objetivos.

De esta manera, cada tasa de velocidad utilizada por el protocolo corresponde a una categoría de prioridad de MAC capa. Entonces existe tal dependencia de este protocolo en la capa MAC que los autores señalan la inviabilidad de implantar el protocolo en otras capas MAC comúnmente utilizadas en sensores redes, como ZigBee o IEEE 802.15.

Está claro que MMSPEED resuelve la mayoría de los aspectos necesarios para brindar un servicio de calidad a tráfico multimedia en un WMSN; sin embargo, quedan muchas brechas sin resolver, como la "agregación" de información (capacidad de eliminar información repetida de diferentes fuentes) o no considerar la energía como parámetro a la hora de transmitir mensajes. Estos dos elementos son vitales en el enrutamiento y transporte de información multimedia, y quedan fuera de este protocolo.

Otros enfoques

En la literatura hemos encontrado otros enfoques para el enrutamiento en WMSN que no se pueden clasificar en una de las dos categorías mencionadas anteriormente. Estos protocolos son particulares y resuelven problemas específicos de comunicación multimedia en el mundo de las redes de sensores.

Por ejemplo, los autores de [20] introducen una solución interesante al problema de la transmisión de vídeo en una red de sensores. Este trabajo proviene de la hipótesis de que sólo hay un sensor de vídeo (una cámara de vídeo o VC), y el resto de los nodos del sensor realizan una sola actividad: dirija el vídeo capturado por el VC a la estación base (el nodo recolector). Además, cada nodo conoce con precisión su posición geográfica, por lo que el protocolo (conocido como "enrutamiento geográfico direccional" por los autores) utiliza posiciones de nodos para encontrar la mejor ruta a la estación base de la red.

El protocolo realiza la codificación de vídeo utilizando el estándar H.26L; sin embargo, las razones por las que se utiliza esta codificación no se aclaran en el artículo.

Hay dos características importantes que hacen de este protocolo una solución muy innovadora. El primero es el uso de múltiples rutas para enviar flujo de vídeo a la estación base. Esto se ejecuta mediante un parámetro conocido como PathNum, que indica el número de rutas para el envío de datos, el sensor de vídeo delimita los ángulos (geométricamente) en los que los nodos enrutan la información se encuentran en el camino a la estación base. La Figura 2.1 introduce el esquema de construcción de las rutas de este protocolo.

Para cada ruta encontrada, el sensor de video envía partes complementarias del flujo de video principal. Cada parte toma diferentes rutas y cada ruta no tiene un nodo común con las demás. Cuando la estación base reciba los datos, reconstruirá el video original uniéndose los diferentes paquetes enviados a través de las rutas.

Los autores mencionan que el enrutamiento de múltiples rutas aumenta la fiabilidad en la transmisión de datos. Además, para aumentar esta fiabilidad, el protocolo RGD transmite paquetes con la codificación Forward Error Correction (FEC) que permitirá a la estación base realizar el intento óptimo a la hora de corregir posibles errores durante la información transmisión sin retransmitir paquetes dañados.

Bajo este esquema de corrección de errores, cada "parte" de n paquetes enviados por el sensor de video consiste en paquetes de un cuadro de video n-k paquetes redundantes generados para proteger los paquetes k anteriores.

Si la estación base recibe k paquetes de los n enviados, la trama de video correspondiente se puede restaurar sin dificultad. En conclusión, podemos considerar a RGD como un buen protocolo para la transmisión de video dentro de una red de sensores.

La combinación de enrutamiento geográfico, múltiples rutas y el uso del esquema de corrección FEC permite una comunicación confiable y rápida, como se puede verificar en los resultados presentados en el artículo. Sin embargo, el protocolo presenta varias limitaciones que hacen de su uso una tarea imposible en el mundo real.

En particular, estos son: La imposibilidad de tener más de una fuente de vídeo en la red, la especialización de toda la red para el envío de vídeo producido por el sensor de vídeo (cuando esto sucede, los otros nodos no pueden capturar datos escalares del entorno, como la temperatura y la luz), la energía como parámetro nunca se tiene en cuenta en los nodos intermedios a la hora de elegir rutas, la necesidad de un gran número de nodos intermedios que permiten la creación de varias rutas diferenciadas (es decir, sin nodos comunes). Tales deficiencias muestran un protocolo preliminar; y, hasta donde sabemos, no hay obras relativas a la mejora de dicho protocolo.

Otro enfoque, aunque orientado al transporte de imágenes, se introduce en [76]. El protocolo presentado en este artículo utiliza un enrutamiento basado en la formación de clústeres o grupos de nodos dentro de la red, así como el uso de varias rutas dentro del clúster y el tratamiento de imágenes dentro de la misma red (procesamiento en red). Cada nodo enruta la imagen a la "cabeza" del clúster más cercano.

Este envío tiene que tomar diferentes rutas; por lo tanto, el jefe del clúster recibirá varias copias de la misma imagen. Sin embargo, esta es una de las ventajas que ofrece el protocolo, resultante de las diferentes copias recibidas, el clúster será capaz de elegir el mejor de ellos, o recogerá datos de diferentes imágenes para recrear la imagen de la información recibida. Este proceso se denomina diversidad dentro de la red combinación por los autores.

Gestión de la calidad del servicio para redes de sensores multimedia inalámbricos

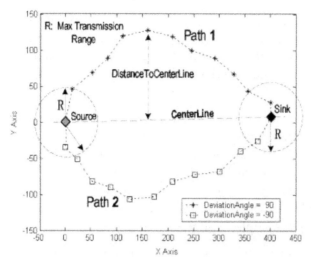

Figura 2.1 Ejemplo de rutas creadas por el protocolo RGD con PathNum 2

Además, las imágenes se envían utilizando el mismo esquema FEC antes mencionado. En teoría, cuando vinculamos múltiples rutas, el tratamiento dentro de la red y la redundancia de datos, la pérdida de información es casi imposible. El enrutamiento continúa desde la cabecera del clúster. Esta "cabeza" lleva a cabo el mismo proceso que ejecutado por la fuente de la imagen, es decir, el envío de la imagen a varios nodos del clúster, que enrutará la información a la siguiente "cabeza" del clúster, y así sucesivamente hasta que llegue al nodo recolector.

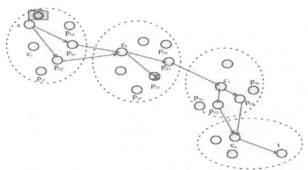

Figura 2.2 Esquema de enrutamiento presentado en [76]

La desventaja de este protocolo tiene que ver con su "especialización" en la traducción de imágenes de forma excluyente, y con el uso de una gran cantidad de memoria en las "cabezas" del clúster para recibir y almacenar imágenes procedentes de los nodos intermedios; además, la imposibilidad de que varias fuentes de imagen transmitan al mismo tiempo, y la imposibilidad de imponer condiciones de servicio de calidad a las diferentes rutas encontradas.

Otro esquema interesante es el propuesto por los autores de [67]. Este artículo presenta un protocolo de enrutamiento para la transmisión eficiente de información multimedia para WMSN. Este protocolo está enfocado a la transmisión de video y utiliza una arquitectura jerárquica (por clústeres) para aumentar el tiempo de vida de la red, y también un mecanismo de transmisión de paquetes a través de múltiples y diferentes rutas.

Con el propósito de incrementar la confiabilidad de la red. Quizás el tema más destacado de este trabajo tenga que ver con el proceso de "estimación de la calidad de la ruta" La fórmula que depende de diferentes parámetros tales como el número de enlaces enchufados y desenchufadosfundidosfundeden de la ruta, energía de corriente en los nodos y la cantidad de nodos que forman parte de la ruta, permite que el nodo recolector evalúe las diferentes rutas (utilizando un mecanismo similar al que AODV utiliza con los mensajes RREQ- Route Request y RREP) y elige tales rutas sin nodos comunes y con una calidad aceptable para transportar información multimedia.

El artículo también menciona QoE (Quality of Experience) en contraste a la calidad del servicio, es decir, el protocolo propuesto enfocado al envío de contenido multimedia (principalmente video) con, al menos, un nivel de calidad aceptable desde la perspectiva del usuario. Al final demuestran que la calidad de transmisión de vídeo del protocolo supera a otros protocolos de red de sensores en varios aspectos. Sin embargo, hay muchas preguntas sin respuesta y lagunas teóricas.

Por ejemplo, hablan de clustering, es decir, la división de red en grupos para aumentar la vida útil; sin embargo, sólo señalan que en la cabeza de cada grupo o clúster habrá un sensor multimedia (que tiene una mayor capacidad de procesamiento y nivel de energía), no aclaran, sin embargo, cómo se elige esta cabeza (parece ser manual, es decir, el diseñador de red es el encargado de establecer estos grupos).

Aunque se consideran los parámetros importantes de la transmisión de vídeo, (a través de la calidad del link) otros se reservan tales como el jitter, el tiempo que toma para que los paquetes transiten a través de una ruta, los tipos de paquetes que fluyen a través de la red, etc.

Además, no gestiona la congestión en absoluto y no ofrece mecanismos opcionales a nodos individuales (aquellos que no tienen un jefe de grupo cerca). Aunque contribuye con ideas interesantes, el protocolo requiere mucho trabajo adicional.

Enrutamiento basado en la optimización de colonias de hormigas

Varias soluciones de enrutamiento de redes de sensores utilizan el paradigma de colonias de hormigas extraído del trabajo de [26]. Sin embargo, la mayoría de las soluciones encontradas en la literatura (por ejemplo [18], [21] y [74]) solo utilizan la energía como parámetro de servicio de calidad para encontrar rutas. En particular, podemos subrayar el trabajo presentado en [65]. En este artículo, los autores presentan un protocolo especializado en transporte de información con soporte de servicio de calidad para WMSN.

Este protocolo se conoce como ACMQ (enrutamiento QoS de múltiples rutas en clúster basado en ant), funciona con clústeres desiguales, por lo que la red se divide en grupos de diferentes tamaños, y cualquier parte del nodo del grupo o clúster puede convertirse en su cabeza. Los diferentes jefes de clusters utilizan el parámetro ant para encontrar rutas a el nodo recolector utiliza la energía residual y la posición geográfica de los nodos como parámetros para encontrar las mejores rutas. El protocolo es capaz de encontrar y utilizar múltiples rutas para mejorar la confiabilidad cuando enviando paquetes a su destino.

Además, configuran un esquema de comunicación simple dentro del clúster que permite el ahorro de energía de los nodos que no son jefes del grupo. Aunque el protocolo resulta ser superior a otros, tiene la dificultad de requerir un esquema de posicionamiento geográfico para todos los nodos (cualquiera puede ser el jefe del clúster). Esto significa que el consumo de energía en la red sería tan alto y la vida útil se verá seriamente afectada.

Además, los autores no mencionan cómo manejar el tráfico heterogéneo que fluye a través de la red, y el protocolo no maneja ni prioridades ni procesamiento especial para paquetes multimedia. Aunque parece ser una buena idea para un protocolo, todavía hay mucho trabajo que hacer en este campo.

Otro protocolo interesante para WMSN se llama ICACR (Improved clustered ant-colony routing) propuesto por los autores de [43]. También se trata de un esquema de enrutamiento basado en clústeres o grupos de nodos que utilizan la meta-heurística de la colonia de hormigas para encontrar rutas entre un nodo de origen (que siempre es la cabeza de un clúster) y el receptor.

El algoritmo funciona en dos etapas: en el primero uno los clústeres no se utilizan para la transmisión de información, y tiene la intención de obtener valores iniciales para las diversas "feromonas" que los nodos utilizarán para encontrar rutas. Una vez que la tabla de feromonas recopila suficiente información, se crean grupos de nodos mediante la "agrupación de nodos" conocida como LEACH [40].

El protocolo también utiliza múltiples rutas para transportar información multimedia, y puede diferenciar los tipos de tráfico que fluyen a través de la red, aplicando un tratamiento especial a los paquetes de información de vídeo. Los resultados presentados en el artículo muestran que este protocolo es adecuado para transportar información multimedia, y es capaz de gestionar diferentes prioridades al trabajar con este tipo de datos (vídeos o imágenes).

Sin embargo, su esquema para crear clústeres no es adecuado para las grandes redes, y el hecho de que el proceso de creación de clustersbegins después de que la red se está ejecutando, hacen que esta ruta de construcciónprocesar entre las cabezas y el nodo recolector convergen más rápido e introduce un tiempo muerto en el rendimiento de la red que implica un consumo de energía innecesario. Además, el algoritmo de ruteo utiliza solamente la energía como el parámetro único para que las hormigas encuentren la ruta, y no considera la heterogeneidad de los diversos nodos de la red.

Un trabajo basado en nodos heterogéneos en un WMSN, y también utiliza la heurística de la colonia Ant para encontrar rutas entre un nodo de origen y el nodo recolector es presentado por los autores de [49]. El elemento principal a tener en cuenta en este protocolo es la capacidad que tiene de obtener una ruta que cumple varios requisitos de servicio de calidad establecidos por la aplicación. Según los autores, el hecho de considerar la naturaleza heterogénea de los nodos, permite mejorar el rendimiento y el uso de la red.

Para la configuración de aroute, diferentes hormigas utilizan ancho de banda (demandado y mínimo) como parámetro, así como energía residual mínima en cada nodo. El protocolo integra un mecanismo de control de admisión que permite a un nodo averiguar si hay una ruta que cumpla ciertos requisitos de servicio de calidad antes de iniciar la transmisión de información.

Aunque el artículo menciona que el protocolo es capaz de manejar diversos tipos de tráfico producidos por los nodos, no hay administración de las líneas múltiples para cada tipo de paquete. No existe ni gestión prioritaria ni tratamiento especial para los paquetes multimedia. Además, este trabajo considera las redes planas, es decir, no establece los clusters de nodos, lo que hace que este protocolo sea inútil en las redes grandes.

Si pasamos al dominio de las redes ad hoc, vale la pena mencionar las soluciones propuestas por [45] y [86]. Ambos protocolos comparten el uso de varias medidas de servicio de calidad en el proceso de búsqueda de rutas.

El protocolo ADRA [86] utiliza el tiempo de retardo de los paquetes, así como la congestión de enlaces como sus parámetros, mientras que el protocolo PPRA de [45] también utiliza el tiempo de retardo y la energía residual de los nodos, aunque no simultáneamente. Sin embargo, ninguna de estas soluciones administra las prioridades múltiples para el tráfico que fluye a través de la red.

De lo anterior, podemos concluir que no existen protocolos adaptables a las condiciones de la red que permitan el transporte de información heterogénea (escalar y multimedia) para WMSN. Ninguna de las soluciones presentadas anteriormente, según nuestro conocimiento, logra resolver los problemas propuestos.

Despliegue de nodos en un WMSN

Junto con el problema del transporte de información, otro problema a la que se enfrentan los diseñadores y desarrolladores de aplicaciones de WMSN es la planificación de la implementación de la red. Implementar un conjunto de sensores en una red consiste en crear la topología, es decir, instalar los diferentes nodos en lugares específicos (implementación manual) o aleatoriamente en una ubicación determinada, con la condición de "cubrir" un conjunto de lugar donde se producirán eventos y son importantes para los administradores de red.

Las formas de mantener y optimizar la cobertura en un área determinada se han analizado extensamente en multimedia, robótica y, por supuesto, en el dominio de redes de sensores. Desde el punto de vista de las redes de sensores, se han presentado varios trabajos en los que se ofrece una solución al problema de la "cobertura omnidireccional" ([35], [19], [42] y [12]).

En cuanto a esteproblema, está destinado a cubrir un conjunto de puntos críticos de interés en un plano, la creación de "círculos" alrededor de los sensores instalados, por lo que los puntos de interés están dentro de uno o más de estos círculos. Sin embargo, las soluciones propuestas para la "cobertura omnidireccional" no son completamente útiles para el problema de cubrir las capturas que necesitan las capturas con "campo de visión" como la utilizada por las cámaras de vídeo o los sensores de vídeo.

Una limitación común de la "cobertura omnidireccional" tiene que ver con el hecho de que la información col- lected por los sensores (por ejemplo, la temperatura, o cierta concentración de sustancias químicas, o el nivel de brillo en un lugar específico, etc.) puede provenir de cualquier lugar dentro del rango "Captura" del sensor (detección omnidireccional).

Sin embargo, los sensores multimedia (es decir, cámaras de vídeo o micrófonos) tienen la característica de "capturar" información en una dirección específica, proveniente de un lugar específico. Es importante tener en cuenta que los sensores de vídeo solo pueden capturar imágenes útiles cuando hay una línea de visión entre el evento que se va a capturar y el sensor [4].

Este tipo particular de nodos de sensor, utilizado en WMSN,

se conocerán como nodos de sensor direccional. Estos (entre los que se encuentran sensores de vídeo) son capaces de capturar información en una dirección específica, dentro de un rango de acción preciso y alcance. Cuando estos nodos especiales están "instalados" como parte de un WMSN, se pretende ofrecer "cobertura" de ciertos lugares de interés dentro de la ubicación de la instalación.

Esto es por qué los modelos para la cobertura tradicional en las redes de sensores no son lo suficientemente buenos para planificar e instalar nodos direccionales en un WMSN.

En el trabajo de [73] los autores se ocupan de la cobertura en redes de sensores de vídeo. En la solución planteada por los autores, el concepto de "zona de detección" de un sensor escalar es reemplazado por el de FoV - Campo de visión. El FoV se define como el volumen máximo visible por la cámara cuando el sensor está instalado en el plano de la ubicación de instalación.

Se supone que todos los nodos están instalados en este mismo plano (el techo o el suelo del lugar de instalación), y las imágenes captadas por las cámaras pertenecen a este mismo plano 2D. Esta solución tiene el defecto de no ser óptima (el número de sensores instalados es mucho más de lo necesario) y utiliza una serie de esquemas geométricos para solucionar la tarea de cubrir puntos de interés con las cámaras.

y no asegura la conectividad de la red cuando se instala Los autores de [53] presentan una solución al problema del despliegue o instalación de sensores de vídeo en un espacio 3D con la restricción de cubrir un conjunto de puntos de interés. Desafortunadamente, esta solución no es óptima (con desperdicio de nodos durante la instalación) y se basa en un método conocido como "campos de potencial virtual", utilizado en la planificación de rutas para robots móviles. Aunque original y orientada a 3D, la solución no asegura la conectividad de los nodos desplegados y considera que los nodos no pueden cambiar su campo de visión.

En [59] se presenta una solución óptima para el problema del despliegue con restricción de cobertura para sensores direccionales. El trabajo presenta un modelo de optimización que busca minimizar la cantidad de sensores instalados en un campo 2D, pudiendo cubrir un conjunto de puntos de interés. Sin embargo, los autores se conforman únicamente con sugerir un modelo matemático que brinde la solución exacta al problema, y nunca proponen una solución heurística que permita obtener "buenas" soluciones en el momento oportuno. Además, la investigación solo cubre los sensores instalados en el techo del lugar de despliegue, y esto no es lo suficientemente realista.

Aunque está orientado a las cámaras de vídeo inalámbricas, (más potente que los sensores de vídeo) el trabajo de [44] introduce algunas ideas interesantes. Como muchas de las obras anteriores, se trata de en 2D de cámaras de video dentro de una habitación para ver (cubrir) ciertos puntos de interés. Los autores consideran el problema de la optimización que busca minimizar el número de cámaras instaladas bajo la restricción de la cobertura total y la conectividad entre los dispositivos instalados. Además, desarrollan una serie de algoritmos para encontrar soluciones viables en un período de tiempo adecuado. Otro elemento interesante en el trabajo tiene que ver con la búsqueda de soluciones, incluso para la instalación de formas complejas. Sin embargo, el hecho de no considerar un espacio 3D se convierte en una limitación para la solución.

Una obra interesante se encuentra en [79]. Los autores definen el concepto de "cobertura multi perspectiva" o "cobertura angular" donde los puntos de interés deben ser "capturados" por sensores ubicados en diferentes posiciones. Los autores enmarcan este problema como una optimización, e introducen varias soluciones a las variaciones viables del problema, pero siempre con sensores ubicados en un plano bidimensional. Nunca consideran una solución 3D y no consideran que la instalación tiene conectividad permanente entre los nodos.

Finalmente, el trabajo de [78] presenta un algoritmo de instalación de sensores visuales en un espacio 2D, pero con la característica de cambiar los parámetros PTZ (Pan-Tilt-Zoom) de las cámaras instaladas. Por tanto, una sola cámara puede cubrir varios puntos de interés, cambiando estos elementos del campo de visión. El algoritmo produce los lugares de instalación de los sensores, pero no asegura que el número de dispositivos instalados sea mínimo; sin embargo, hay total cobertura y conectividad.

Como podemos ver, después de esta revisión de la literatura, podemos concluir que es necesario contar con un método que permita llevar a cabo el despliegue o la instalación óptima de sensores direccionales.

Conclusión

Las redes de sensores multimedia son un campo de investigación en el que queda mucho por hacer. La puesta en marcha de estas redes permitirá utilizar soluciones interesantes a diferentes problemas, desde la seguridad ciudadana, las ayudas en el campo de batalla, la telemedicina y la educación, hasta la red de vehículos, la agricultura y la ganadería. Sin embargo, a pesar del abundante trabajo en esta área, la cantidad de problemas a resolver con respecto a esta tecnología es significativa. Dentro de esta disertación nos enfocamos en dos de ellos: transporte de información multimedia en WMSN, y el despliegue o planificación de estas redes en un espacio 3D.

Como hemos visto en la literatura, el desarrollo de una solución es, como sabemos, un problema sin resolver. La investigación sobre el enrutamiento y el control de admisión no considera que varios elementos de WMSN funcionen en un entorno heterogéneo, no sólo de dispositivos, sino también de información que fluye a través de la red.

Las soluciones no están completas y la mayoría de ellas generan nuevos problemas además de los que pretenden resolver. En lo que respecta al despliegue de nodos de redes de sensores, el trabajo actual no se desarrolla para WMSN, no tienen en cuenta sus características y no proponen soluciones viables para espacios 3D. Es por ello que esta investigación busca soluciones interesantes y útiles a los problemas antes mencionados; esto permitirá su uso rápido y mostrará una clara mejora dentro de este campo.

Capítulo 3. Enrutamiento basado en hormigas para redes de sensores multimedia que utilizan múltiples métricas de QOS

Los desafíos adicionales creados por las características intrínsecas de la comunicación multimedia deben abordarse para implementar aplicaciones multimedia dentro de Wireless Multimedia Sensor Network (WMSN). A diferencia de la comunicación de datos convencional, necesaria para el transporte fiable de las características de los eventos desde el campo, el tráfico multimedia no requiere una fiabilidad del 100%, ya que está dotado de los requisitos más estrictos sobre retardo limitado, pérdida de paquetes, anchura de banda mínima y cambio suave de la velocidad de transmisión.

Estos requisitos adicionales amplifican inevitablemente los desafíos para la comunicación multimedia en redes de sensores. Especialmente, las demandas de alto ancho de banda y las estrictas limitaciones de tiempo de comunicación multimedia presentan desafíos significantes para las redes de sensores al adaptar las capacidades de energía y procesamiento con el nivel en el que se cumplen los objetivos de la aplicación.

Si bien una cantidad significativa de investigación se ha realizado sobre problemas de enrutamiento WSN [2], el enrutamiento de datos multimedia WSN permanece muy inexplorado. Por otro lado, los problemas de comunicación multimedia se han investigado ampliamente y existen numerosas soluciones para entornos inalámbricos e Internet.

Sin embargo, estas soluciones no se pueden aplicar directamente a escenarios WMSN debido a sus características únicas y limitaciones de recursos. En consecuencia, existe una necesidad urgente de esfuerzos de investigación para abordar los desafíos de las comunicaciones multimedia WSN para ayudar a realizar muchas aplicaciones de WSN multimedia actualmente previstas.

Cuando el tamaño de la red se escala verticalmente, el enrutamiento se vuelve más difícil y crítico. En los últimos tiempos, se han desplegado algoritmos inteligentes de inspiración biológica para abordar este problema [21, 32, 51, 57, 85]. Utilizando hormigas, abejas y otros enjambres sociales como modelos, se pueden crear agentes de software para resolver problemas complejos, como el cambio de ruta de tráfico en redes de telecomunicaciones ocupadas.

La inteligencia de enjambre, que es revelada por estos enjambres biológicos naturales, ofrece varias propiedades valiosas reconocidas en muchos sistemas de ingeniería, por ejemplo, en el enrutamiento de redes. Los sistemas de inteligencia de enjambre se refieren a comportamientos complejos, normalmente inventados a partir de algunos agentes simples que cooperan entre sí y su entorno.

Una de las técnicas de inteligencia de enjambre más exitosas se llama Optimizacion de Colonia de Hormigas (ACO) [27], un algoritmo de optimización utilizado para encontrar soluciones aproximadas para problemas difíciles de optimización combinatoria.

En ACO, las hormigas artificiales encuentran soluciones moviéndose en el gráfico de problemas, imitando hormigas reales que anteriormente dejaron atrás feromonas para el uso de futuras hormigas que pueden encontrar mejores solu- ciones. ACO se aplicó con éxito a un número notable de problemas de optimización.

Las hormigas utilizan el aprendizaje de refuerzo para descubrir el camino más eficiente. En el aprendizaje de refuerzo, el sistema inteligente simplemente se le da una meta que debe alcanzarse.

A continuación, el sistema adopta el objetivo mediante una interacción de prueba y error con el entorno. Las interacciones que llevan el sistema cerca del objetivo reciben una recompensa, mientras que el castigo se administra a aquellos que se alejan del objetivo.

Los científicos informáticos abordaron el aprendizaje de

refuerzo de sistemas artificiales mediante la introducción de un concepto llamado descomposición de feromonas. Cuando esta feromona se evapora rápidamente, los caminos más largos tienen problemas para mantener estables los senderos de feromonas.

Esto también se ha utilizado para las redes de telecomunicaciones [25]. Las hormigas artificiales exploran continuamente caminos diferentes y senderos de feromonas para proporcionar planes de respaldo. Por lo tanto, si un link se descompone, ya existe un conjunto de alternativas.

En este capítulo, se presenta un algoritmo de enrutamiento de calidad de servicio (QoS) para WMSN basado en un algoritmo mejorado de colonias de hormigas. El protocolo AntSensNet introduce el modelado de enrutamiento con cuatro métricas de QoS asociadas con nodos o enlaces.

El algoritmo puede encontrar una ruta en un WMSN que satisfaga los requisitos de QoS de una aplicación, al mismo tiempo que reduce el consumo de recursos restringidos tanto como sea posible. Además, al utilizar la agrupación en clústeres, puede evitar la congestión después de juzgar rápidamente la longitud promedio de la cola y resolver los problemas de convergencia, que son típicos en ACO.

Los resultados de la simulación muestran que el algoritmo propuesto mejora el rendimiento de otros protocolos típicos como Ad hoc On-Demand Distance Enrutamiento vectorial (AODV).

El Protocolo AntSensNet

AntSensNet es un protocolo de enrutamiento especialmente diseñado para WMSN. Combina una estructura jerárquica de la red con los principios de enrutamiento basado en ACO (Ant Colony Optimization), satisfaciendo así los requisitos de QoS solicitados por las aplicaciones.

Además de eso, nuestro El protocolo admite un esquema de programación de paquetes de video de múltiples rutas de energía eficiente para una transmisión de distorsión de video mínima AntSensNet comprende componentes reactivos y proactivos:

1. Es reactivo ya que las rutas se configuran cuando es necesario,

no antes. Una vez configuradas las rutas, los paquetes de datos se envían estocásticamente por las diferentes rutas utilizando una tabla de feromonas colocada en cada enrutador.

2. Es proactivo debido al hecho de que, mientras una sesión de datos está en progreso, las rutas se sondean, mantienen y mejoran de manera proactiva utilizando un conjunto de agentes especiales diseñados para esta tarea.

El algoritmo consta de tres partes. Los primeros grupos constituyentes forman una red de nodos en colonias. El segundo componente busca rutas de red entre clústeres que cumplan con los requisitos de cada aplicación en la red que usa hormigas. El tercer elemento reenvía el tráfico de la red utilizando las rutas previamente descubiertas por las hormigas.

Modelo de enrutamiento de QoS WMSNs

Un WMSN se puede presentar como un gráfico conectado, no dirigido y ponderado $G = (V, E)$ donde $V = \{v_1, v_2, \ldots, v_n\}$ denota el conjunto de nodos (solo Cluster Head (CH) sy nodo receptor) en la red y $E = \{e_{12}, e_{13}, \ldots, e_{xy}\}$ describe el conjunto de enlaces bidireccionales entre CH por un par de nodos $v_i, v_j \in V$ ($i \neq j$), si el enlace $e_{ij} = (v_i, v_j) \in E$ entonces (v_i, v_j) consta de un par de nodos adyacentes. Cada nodo $n \in V$ en el gráfico incluye un conjunto de cuatro elementos de métricas de QoS: $\{pl(n), ma(n), dl(n), re(n)\}$.

Donde $pl(n)$ expresa la tasa máxima de pérdida de paquetes de Nodo n, $ma(n)$ denota la memoria disponible en el nodo n, $dl(n)$ muestra el retraso de la cola en el nodo n y $re(n)$ revela la energía restante normalizada en el nodo n con respecto a la energía inicial, definida como: $re(n) = E_{residual}(n) / E_{initial}(n)$, donde $E_{residual}(n)$ revela la energía restante en la batería del Nodo n y Einitial (n) indica la energía inicial en la batería del Nodo n. Estos parámetros, junto con el ancho de banda, fueron elegidos de los mencionados por [4], como elementos importantes para encontrar rutas en un WMSN.

Para una ruta de unidifusión $P = (v_a, v_b, \ldots, S)$ desde un CH va al nodo nodo recolector s, sus parámetros de QoS se calculan de la siguiente manera:

En un WMSN, los nodos transportan varios tipos de tráfico. Por ejemplo, los datos de audio/video en tiempo real están restringidos por retraso con un cierto requisito de ancho de banda.

Las pérdidas de paquetes se pueden tolerar hasta cierto punto.

$$delay(P) = \sum_{n \in P} dl(n) \qquad (3.1.1)$$

$$packetloss(P) = 1 - \prod_{n \in P} pl(n) \qquad (3.1.2)$$

$$energy(P) = \min_{n \in P}\{re(n)\} \qquad (3.1.3)$$

$$memory(P) = \min_{n \in P}\{ma(n)\} \qquad (3.1.4)$$

Además, los datos ambientales de los sensores escalares, o contenido multimedia instantáneo no crítico en el tiempo, son tipos de datos tolerantes a retrasos y tolerantes a pérdidas con demandas de ancho de banda bajas o moderadas. Finalmente, cada tipo o clase de tráfico tiene sus propios requisitos para las métricas de QoS.

El objetivo del algoritmo AntSensNet es encontrar rutas accesibles para cada clase de tráfico desde un nodo CH de origen hasta el nodo recolector que cumplan con diferentes requisitos de QoS, minimizando así la interferencia entre los tipos de tráfico, equilibrando la distribución del tráfico y mejorando el rendimiento de la red.

Sea vch un CH y s el nodo receptor de la red. El tema de la selección de enrutamiento de vch as consiste en encontrar diferentes rutas accesibles PC, donde C representa cada clase de tráfico que la aplicación que se está ejecutando en el WMSN ha definido. La función objetivo de unpath PC se puede expresar de la siguiente manera:

$$
\begin{aligned}
f(P_C) = {} & \gamma_C^d \cdot (D_{\max} - delay(P_C)) \\
& + \gamma_C^p \cdot (1 - packetloss(P_C)) \\
& + \gamma_C^p \cdot (energy(P_C) - E_{\min}) \\
& + \gamma_C^m \cdot (memory(P_C) - M_{\min})
\end{aligned}
\qquad (3.1.5)
$$

Dónde el retraso (P), la perdida de paquetes (P), la energía (P) y la memoria(P) denotan respectivamente retraso, paquete pérdida, relación de energía residual y memoria disponible para la trayectoria tal como se define las en ecuaciones (3.1.1) a (3.1.4). $D_{máx}$, E_{min} y M_{min} indican los retrasos máximos tolerables de la ruta, su relación mínima de energía residual y memoria normalizada disponibles, respectivamente. Variables $\gamma^d c$, $\gamma^p c$, $\gamma^p c$, $\gamma^m c$, traduce el factor de ponderación de retraso, la tasa de pérdida de paquetes, la relación de energía residual y memoria disponible para los parámetros de QoS globales, respectivamente.

El problema de enrutamiento de QoS descrito es similar a los problemas típicos de optimización de ruta restringida (PCPO), que se ha demostrado que son NP-completos [30], y se utiliza un algoritmo basado en la optimización de colonias de hormigas para resolver este problema.

Suposiciones

Las siguientes suposiciones se hacen para esta nueva red de sensores:

- Los nodos están dispersos al azar, en una distribución uniforme, sobre un plano bidimensional.

- El nodo recolector no es móvil y se considera un nodo poderoso dotado de mejoras

- capacidades de comunicación y computación y sin limitaciones de energía.

- Los nodos sensores no son móviles.

- Hay dos tipos de sensores: sensores multimedia (nodos ricos en recursos, capaces de

- detección de audio/video de su entorno) y sensores escalares que capturan datos como

- temperatura, luz o presión. Ambos tipos también se distribuyen aleatoriamente por el área.

- Los nodos desconocen su ubicación, es decir, no están equipados con un dispositivo GPS.

- La comunicación de cada nodo sigue un modelo de propagación isotrópico.

- La potencia de transmisión de radio es controlable, es decir, los nodos pueden ajustar la potencia de acuerdo con la distancia.

- A pesar del hecho de que los nodos son heterogéneos, se supone que las transmisiones de radio son idénticos para todos los nodos.

- Los nodos pueden estimar la distancia aproximada por la fuerza de signo recibido, dado el se conoce el nivel de potencia de transmisión, y la comunicación entre nodos no está sujeta al desvanecimiento de múltiples trayectorias.

- Usamos el mismo modelo de radio presentado en [40], y se supone que el canal de radio es simétrico, de modo que la energía requerida para transmitir un mensaje de m bits desde el nodo i al nodo j es idéntica a la energía requerida para transmitir un m -bit mensaje del nodo j al Nodo i, para una determinada relación señal/ruido.

Proceso de agrupación en clústeres

AntSensNet es un protocolo de enrutamiento de QoS basado en un algoritmo de colonia de hormigas. Este algoritmo hace uso de agentes especiales (conocidos como forward-ants o FANT) para encontrar una ruta entre un nodo sensor y la estación base o nodo recolector de la red.

En el proceso de descubrimiento de rutas, varios Las hormigas salen de su fuente de nodo, apuntando a sus vecinos, cada uno con la tarea de encontrar una ruta, lo que significa que los nodos sensores deben comunicarse entre sí y la tabla de enrutamiento de cada nodo debe contener la identificación de todos los nodos sensores en el vecindario también, como sus niveles correspondientes de feromona dejados en el camino.

A medida que aumenta el número de nodos, el número de agentes necesarios para establecer la infraestructura de enrutamiento puede dispararse [69]. Una forma de superar la explosión de sobrecarga y alcanzar la escalabilidad consiste en utilizar el enfoque de enrutamiento jerárquico.

Sin embargo, la escalabilidad no es la única razón para agrupar la red. Este proceso también permite mejorar los mecanismos de agregación de datos de la red, al tiempo que concentra esta actividad en el CH, lo que reduce las cargas de trabajo de los nodos, ahorra energía y aumenta la vida útil de la red. En [10] se presentan otras ventajas de la agrupación en clústeres que se aplican a este novedoso protocolo: el hecho de que solo el CH transmite información fuera del clúster ayuda a prevenir colisiones entre los sensores dentro del clúster, ya que no tienen que compartir canales de comunicación con los nodos en otros grupos.

Esto también promueve el ahorro de energía y evita el problema del agujero negro. También se reduce la latencia. Aunque los datos deben saltar de un canal a otro, cubren distancias mayores que cuando los sensores utilizan un modelo de comunicación de varios saltos (no agrupado) como el que se utiliza en otros protocolos.

Finalmente, se aplica el clustering para aprovechar la existencia de nodos de diferentes capacidades dentro de un WMSN. La Tabla 3.1 [56] presenta el rendimiento de procesamiento y las capacidades de memoria entre sensores estándar (TelosB) y multimedia. La Tabla 3.1 muestra que las capacidades de memoria y procesamiento de los sensores multimedia son superiores a las de los sensores convencionales. Ese es el motivo de la selección de sensores multimedia para convertirse en los CH de la red. Este original algoritmo se diseñará un para favorecer la "selección" de estos nodos como CH.

Nuestro algoritmo de clustering tiene como objetivo lograr los siguientes objetivos:

- Ahorro de recursos de red fomentando la selección de nodos ricos en recursos (nodos de sensores multimedia) como CH de red.

- Asegurar la conectividad de la red mediante la formación de una columna vertebral virtual entre los diferentes CH. Cada CH está en el rango de transmisión de radio de al menos otro CH. Comunicación entre dos CH es directo (no hay nodos de retransmisión entre ellos).

- Maximización de la vida útil de la red mediante la implementación de un mecanismo de rotación CH.

Con una red troncal virtual en la red, solo los CH se preocupan por el transporte de datos, y otros nodos tienen la libertad de realizar sus tareas de detección. Esta tarea compartida mejora el rendimiento de la red con respecto a la sobrecarga de enrutamiento y, además, un número menor de nodos necesita estar alerta para el transporte de datos. Este procedimiento reduce el consumo de energía, maximizando al mismo tiempo la vida útil de la red.

Fase de actualización de información

Este novedoso algoritmo de agrupación en clústeres se basa en T-ANT [69] y el protocolo de agrupación en clústeres utiliza una colección de agentes para formar clústeres en una red de sensores. Se distribuye por completo y se completa en tiempo constante. Estas son las razones por las que se eligió este algoritmo.

Al igual que en T-ANT, las operaciones de agrupación en clústeres se dividen en rondas. Cada ronda comprende una fase de configuración del clúster y una fase estable. En la fase constante del algoritmo, la transmisión de datos tiene lugar entre los sensores y el nodo recolector. Se utilizan varios temporizadores para controlar las operaciones de proceso.

Tabla 3.1 Capacidades de video y sensores estándar

Frecuencia del reloj	Stargate	Samsung S3C44B0X	TelosB
	200/300/400 Mhz	66 Mhz	8 Mhz
Arquitectura	RISC de 32 bits	RISC de 16/32 bits	RISC 16bit
Memoria	64 MB SDRAM Flash de 32 MB	256 MB	10 KB 1 MB Flash
Caché	Datos de 32 KB Instrucciónes de 32 KB	8 KB	Datos no Disponibles
Costo ($)	595	500	100

Durante la fase de configuración del clúster, los CH se eligen y los clústeres se colocan alrededor de ellos. Para evitar el mantenimiento de muchas variables de estado, como se encuentra en numerosas propuestas actuales de agrupamiento, se utilizan una serie de agentes (conocidos como cluster-ants o CANTS) para controlar las elecciones del CH. Un nodo con un CANT se convierte en un CH, mientras que otros eligen unirse al mejor clúster del rango.

El radio del clúster $R_{clúster}$ se define como un parámetro sintonizable que determina el mínimo de distancia entre dos nodos CH en la red. El valor de este parámetro siempre sigue siendo inferior al rango de radio de comunicación del sensor (llamado r).

Antes de la fase de configuración del clúster, los sensores llevan a cabo una fase de actualización de la información. Cada nodo del sensor emite un paquete HELLO con información sobre su ID, su valor de feromonas de agrupamiento ($\Phi c\ (n)$) y su estado para sus vecinos. Cuando un paquete HELLO llega, el nodo almacena dicha información en una tabla, el vecindario o la tabla de información del vecino. Esta tabla se utiliza luego para seleccionar grupos, unirse a un grupo y enrutar paquetes de datos.

El valor de la feromona de agrupamiento determina si es apropiado que este nodo se convierta en un CH. Para cada nodo, este valor se calcula mediante la siguiente fórmula:

$$\Phi_c(n) = (ma(n))^a \cdot (re(n))^b \tag{3.1.6}$$

donde ma (n) denota la memoria disponible en el nodo, re (n) es la relación residual de la energía del nodo y ayb denotan la importancia de cada componente de la feromona: a para la capacidad de memoria yb para el componente de energía. Por tanto, la aplicación determina qué componente es más importante al seleccionar un CH, es decir, memoria o energía o ambos.

El estado indica si el nodo es un CH o un miembro de un cluster o ninguno. Estos paquetes HELLO son transmitidos constantemente por los nodos a lo largo de su vida.

Fase de lanzamiento de hormigas

Después de la fase de actualización de la información, el nodo recolector libera un número fijo de hormigas (es decir, mensajes de control) en la red. Suponiendo que el terreno es cuadrado, M × M, el número de hormigas que se liberarán se establece en $[\frac{M^2}{\pi d^2}]$ donde d representa la mitad de $R_{cluster}$.

La última fórmula también representa el número de clústeres que componen la red. Se intenta obtener una cobertura completa del área con este número de conglomerados, donde cada nodo pertenece a un conglomerado y los CHs están diseminados por todo el terreno.

Las hormigas se mueven por la red de forma aleatoria, en la medida de lo posible, respetando los límites impuestos por sus valores de tiempo de vida (TTL). El valor TTL es igual al número de hormigas.

Por lo tanto, una hormiga puede visitar una gran cantidad de ganglios candidatos para convertirse en CH antes de morir. Cuando el nodo recolector suelta una hormiga, elige uno de sus vecinos aleatoriamente de acuerdo con la siguiente función de distribución de probabilidad:

$$prob_c(j) = \frac{\Phi_c(j)}{\sum_{i \in N_s} \Phi_c(i)} \tag{3.1.7}$$

Dónde $\phi_C(j)$ denota el valor de la feromona de agrupamiento enviado por el nodo j, como se define en la ecuación (3.1.6), y Ns representa el conjunto de todos los vecinos del nodo recolector ubicados a una distancia de al menos $R_{clúster}$. Antes de liberar la siguiente hormiga de clúster, el receptor espera a que expire un tempo (CLUSTER_TIMER).

Aunque la expiración del temporizador se establece en un valor aleatorio, siempre permanece proporcional al retraso de enviar una hormiga desde un nodo a un vecino.

El objetivo de este temporizador es garantizar que las transmisiones posteriores de las hormigas no se autointerfieran. Aparte de eso, cuando el receptor selecciona un vecino, el valor de feromonas de ese nodo se reduce artificialmente, para evitar elegir el mismo conjunto de nodos repetidamente.

El algoritmo 1 presenta las tareas realizadas por el receptor para iniciar el proceso de agrupación.

ALGORITHM 1: Tasks developed by the sink

---

1   $d \leftarrow \frac{R_{cluster}}{2}$;
2   **repeat**
3   Use probability distribution function ($prob_c$) to choose a neighbor (i) ;
4   Send a cluster ant to node i with a $TTL = \lceil \frac{M^2}{\pi d^2} \rceil$;
5   Wait until a CLUSTER_TIMER expires ;
6   **until** *all ants are released*;

Cuando una hormiga llega a un nodo, ese nodo ejecutará las tareas representadas en el algoritmo 2.

El algoritmo 2 muestra que, para convertirse en un CH, el nodo seleccionado debe haber recibido una hormiga de racimo de otro CH (o el nodo recolector) ubicado a una distancia $R_{cluster}$ de él.

$R_{\text{clúster}}$ anteriormente se definió como la distancia mínima entre dos CHs. Por tanto, al momento de seleccionar el siguiente vecino, el nodo lee la tabla de información de sus vecinos y selecciona, con probabilidad $prob_c$, un nodo cuya distancia es un mínimo de Rcluster de forma aleatoria.

ALGORITHM 2: Tasks developed by the other nodes

```
1  if an ant arrives at node i then
2      if node i is not a CH then
3          if there is a CH in the radius R_cluster then
4              Pick a random CH neighbor ;
5              Send the ant to it ;
6          end
7          else
8              Store the ant;
               /* This node is a CH                                      */
9              Broadcast a message ADV_CLUSTER to neighbors in range R_cluster ;
10         end
11     end
12     else if node i is a CH then
13         Decrement the TTL of the ant ;
14         if TTL > 0 then
15             Pick a random neighbor according to the probability function prob_c ;
16             Send the cluster ant to it ;
17         end
18         else
19             Destroy the ant ;
20         end
21     end
22 end
```

La razón por la que un CH elige el siguiente CH es crear una columna vertebral virtual entre los diverso CHs, una estrategia de comunicación directa entre ellos. Esta columna vertebral facilitará la tarea de enrutamiento realizada por el protocolo AntSensNet

Cuando un nodo se convierte en CH, transmite un mensaje ADV_CLUSTER para avisar a su vecindario de su nueva condición. También cambia el valor del estado del campo de un paquete HELLO enviado posteriormente por el nodo. Una vez que un nodo regular recibe un mensaje ADV_CLUSTER de un CH ubicado a una distancia por debajo de Rcluster, almacena la información correspondiente que pertenece a ese CH. Esta información se utiliza más tarde para unirse a un grupo determinado.

A diferencia de otras propuestas documentadas en la literatura, este enfoque de elección de CH tiene un tiempo constante muy pequeño y un bajo nivel de complejidad. TTL de una hormiga indica el número máximo de saltos que puede realizar. El CH pulveriza una hormiga una vez que su TTL alcanza el valor cero. Esta situación muestra la existencia de un número superfluo de clusters en la red, y el cluster ant se destruye para evitar la creación de nuevos clusters que dificulten la red.

El proceso de agrupamiento real ocurre una vez que expira otro temporizador. Un nodo normal decide unirse a un clúster cuando expira su JOIN_TIMER. Este nodo elige el clúster más cercano para unirse (de todos los paquetes ADV_CLUSTER que recibió) enviando un mensaje JOIN con su ID. Cuando un CH recibe mensajes JOIN, almacena dicha información para luego seleccionar un miembro del clúster como un nuevo CH. Si un nodo normal nunca ha recibido un paquete ADV_CLUSTER de un CH, inicia JOIN_TIMER una vez más y repite el último proceso hasta que expira este temporizador. Sin embargo, si en el proceso no recibe ni un mensaje ADV_CLUSTER ni un paquete HELLO de un CH, el nodo usa el miembro del clúster vecino más cercano como un "puente" para alcanzar su CH.

Cuando un CH se da cuenta de que el nodo μ está a tres o más saltos de él, ese CH selecciona al vecino en la ruta a μ como un nuevo CH. Este nuevo CH emite un mensaje ADV_CLUSTER para contactar con otros CH e inicializar sus tablas de feromonas. De esa manera, podemos conseguir una mejor distribución de calefacción para cubrir toda el área de la red. Esta nueva selección de CH puede realizarse en cualquier momento de la ejecución del protocolo.

Las propiedades del algoritmo de agrupación en clústeres propuesto se pueden resaltar de la siguiente

1. El algoritmo está completamente distribuido. Un nodo decide localmente convertirse en un CH si una hormiga lo alcanza o se une a un clúster.

2. Dada la ausencia de declaraciones en bucle en función de la cantidad de nodos, está claro que el proceso de elección tiene una complejidad de tiempo $O(1)$.

3. El algoritmo asegura la creación de una columna vertebral entre los CH. Como todos los CH están conectados, los trayectos a un nodo recolector (nodo recolector) se pueden descubrir fácilmente.

La Figura 3.1 muestra un ejemplo de agrupación en clústeres de red de sensores utilizando nuestro algoritmo.

Descripción del algoritmo AntSensNet

AntSensNet consta de un protocolo basado en ACO (Ant Colony Optimization) para descubrir y mantener rutas entre CHs y el receptor. El proceso de detección de rutas se inicia tan pronto como finaliza el proceso del clúster. Antes de presentar el algoritmo, aquí hay algunas definiciones.

La estructura de la hormiga

La configuración de datos de la estructura de la hormiga utilizada en su proceso de detección de rutas se define a continuación. Comprende los siguientes campos:

1. ant.ID: la identificación de la hormiga.

2. ant.type: el tipo de hormiga en el proceso de descubrimiento de ruta. Este campo puede ser una hormiga hacia adelante (FANT), una hormiga hacia atrás (BANT), un MANT (hormiga de mantenimiento) o un DANT (hormiga de datos).

3. ant.hopcount: calcula el número de saltos por los que pasó la hormiga desde su fuente de CH. Este campo sirve como TTL de la hormiga.

4. ant.info: Cada tipo de hormiga utiliza este campo para almacenar información especial sobre la ruta o los nodos, con el fin de evaluar cuán apropiada es la ruta.

5. ant.nodes: la pila de nodos visitados, contiene los ID de los nodos por los que pasa la hormiga

La columna vertebral creada por CHs se deline

- La energía residual mínima de los nodos por los que pasaba la hormiga;

- El retraso acumulado de la cola, la pérdida de paquetes y la memoria disponible de cada nodo visitado por la hormiga.

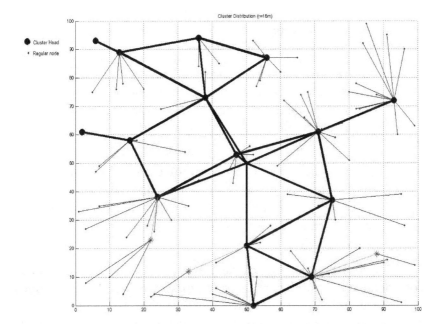

.Figura 3.1 Ejemplo de agrupación en clústeres WMSN.

El modelo de cola

Los datos del sensor pueden provenir de varios tipos de fuentes cuyos niveles de importancia varían. [4] organiza los siguientes ejemplos de tráfico en varias clases WMSN:

Flujos multimedia en tiempo real, tolerantes a pérdidas. Esta clase incluye transmisiones de video, audio o multinivel compuestas de video / audio y otros datos escalares (por ejemplo, lecturas de temperatura), así como metadatos asociados con la transmisión que necesitan llegar a un humano o un operador automatizado en tiempo real, es decir, dentro de límites de tiempo estrictos, aunque relativamente tolerante a las pérdidas (por ejemplo, las secuencias de video pueden tolerar un cierto nivel de distorsión). El tráfico que pertenece a esta clase suele estar asociado con altas demandas de ancho de banda.

Flujos multimedia tolerantes a retrasos, tolerantes a pérdidas. Esta clase incluye flujos multimedia destinados a almacenamiento o procesamiento posterior fuera de línea, cuya entrega no está sujeta a retrasos estrictos. Sin embargo, debido a las demandas de ancho de

49

banda típicamente altas de los flujos multimedia y debido a los búferes limitados de los sensores multimedia, los datos que pertenecen a esta categoría debe transmitirse virtualmente en tiempo real para evitar pérdidas excesivas.

- Datos tolerantes a retrasos, intolerantes a pérdidas. Esto puede incluir datos de procesos de monitoreo críticos, con demandas de ancho de banda bajas o moderadas que requieren algún tipo de procesamiento posterior fuera de línea.

- Datos tolerantes a retrasos, tolerantes a pérdidas. Esto puede incluir datos ambientales de redes de sensores escalares o contenido multimedia de instantáneas no críticas en el tiempo, con una demanda de ancho de banda baja o moderada.

Por lo tanto, la política de programación de paquetes debe considerar diferentes prioridades (importancia) para diferentes tipos de clases de tráfico. El Figura 3.2 muestra el modelo de la cola para unsensor considerando diversas clases de tráfico. En un principio, la aplicación debe definir estas clases y sus parámetros, es decir, energía mínima, ancho de banda, retrasos de memoria y paquetes disponibles, y pérdida máxima de paquetes. La aplicación, en lugar del protocolo, es responsable de predefinir el número de clases.

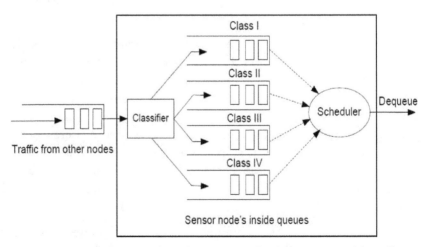

Figura 3.2 Modelo de cola en un nodo de sensor multimedia

La aplicación también es responsable de asignar la clase y la prioridad de cada paquete enviado por los sensores. Para cada CH, un clasificador comprueba la clase de los paquetes entrantes que luego se envían a las colas apropiadas, y un planificador organiza los paquetes según sus clases y el nivel de prioridad.

El hecho de que una aplicación pueda definir las clases de datos para la cola permite una gran flexibilidad, pero debe utilizarse con precaución. Esta característica crearía problemas cuando la aplicación define demasiadas clases de tráfico, degradará el rendimiento de los nodos debido a la gran utilización de la memoria.

Mesa de feromonas

Una tabla de feromonas de hormigas es una estructura de datos que almacena la información del rastro de feromonas para enrutar desde el Nodo i al nodo recolector a través de un vecino CH j. Guardada en la memoria del nodo, esta estructura se organiza como se muestra en la Tabla 3.2 a continuación.

Tabla 3.2 Tabla de feromonas para nodo i

Neighbor	Traffic Class k				Class t	Expiration Time
N_1	$e_i^k(1)$	$\delta_i^k(1)$	$\varepsilon_i^k(1)$	$\mu_i^k(1)$	$\cdots$	T_1
N_2	$e_i^k(2)$	$\delta_i^k(2)$	$\varepsilon_i^k(2)$	$\mu_i^k(2)$	$\cdots$	T_2
$\vdots$		$\cdots$			$\vdots$	$\vdots$
N_j		$\cdots$			$\vdots$	$\vdots$

En la tabla 3.2, cada columna refleja la clase de tráfico diferente, según lo definido por la aplicación. Cada fila corresponde a un vecino. Hay cinco cuatro valores para cada clase de tráfico en la tabla. Cada valor es una concentración de rastro de feromonas para cada métrica de QoS utilizada por el protocolo:

1. $e_i^k(j)$: valor de feromonas de energía del enlace entre los nodos i y j para paquetes que pertenecen a la clase de tráfico k;

2. $\delta_i^k(j)$: valor de feromonas de retardo del enlace entre los nodos i y j para paquetes que pertenecen a la clase de tráfico k;

3. $\varepsilon_i^k(j)$: valor de feromonas de pérdida de paquetes;

4. $\mu_i^k(j)$: valor de feromonas de memoria disponible

Cada entrada en la tabla de feromonas tiene un tiempo de expiración y ciertas entradas se inhabilitan a medida que pasa el tiempo. Cuando la hora actual supera el tiempo expirado establecido, comienza una nueva fase de detección de ruta.

Descubrimiento de rutas

Cuando un nodo normal necesita enviar datos al sumidero, dicha información se envía inmediatamente a su CH. El proceso de trabajo del algoritmo AntSensNet se describe de la siguiente manera: cuando un nodo CH está en posesión de datos de sensor para ser enviados, verifica su tabla de enrutamiento para encontrar una ruta apropiada para la clase de tráfico del paquete. Antes de iniciar una transmisión de datos, la fuente CH comprueba su tabla de feromonas para encontrar cualquier información de nodo que no haya expirado.

Esa información caduca si el valor asociado al campo Hora de vencimiento es inferior al reloj del nodo. Si toda la información de la tabla de feromonas ha caducado, se inicia una nueva fase de sondeo de ruta. Hay una serie de hormigas delanteras necesarias para enviar sondas de ruta.

Después del proceso de detección de enrutamiento, los datos almacenados en caché se envían inmediatamente a su destino. Para reducir los retrasos asociados con la primera fase de detección, un algoritmo AntSensNet inicia una fase de sondeo de ruta completa para cada clase de tráfico una vez finalizado el proceso de agrupación en clústeres. Un flujo de paquetes que muestra un CH que recibe una hormiga se ilustra en el cuadro 3.3. Hay tres fases en AntSensNet: la fase de avance de la hormiga, la fase de retroceso de la hormiga y la fase de mantenimiento de ruta.

Fase de Forward Ants: si un CH encuentra que no hay una ruta satisfactoria y sin expirar al nodo recolector en la clase de tráfico del paquete en su tabla de enrutamiento, genera un cierto número de Forward Ants (FANTS) para buscar rutas que conduzcan al nodo recolector. Las hormigas directas son agentes que establecen la pista de feromonas desde el CH de origen hasta el nodo receptor.

La estructura de las hormigas se presenta arriba. En su campo de información, los FANT llevan:

- La energía residual mínima (Energía) de los nodos por los que pasaba la hormiga;

- El retraso acumulado en la cola (retraso), la pérdida de paquetes (pérdida de paquetes) y la memoria disponible (memoria) de cada nodo que visitó la hormiga.

Estos valores son las métricas de QoS usadas para descubrir las rutas. Para encontrar una ruta al receptor, la fuente CH transmite un FANT. Cada campo del paquete de hormigas debe establecerse antes de ser enviado, es decir, el campo de tipo ant.type ← F ANT, ant.hopcount ← 0, y empuja el CH source en la pila ant.nodes.

Cuando un CH intermedio recibe un FANT, juzga la existencia de bucles en el campo ant.nodes del FANT recibido. Se descartan las hormigas que dan lugar a bucles de ruta. Antes de enviar el FANT al siguiente CH, el campo ant.info debe estar actualizado con información local sobre el actual CH. Esta actualización se realiza de la siguiente forma:

ALGORITHM 3: Update process of a FANT
---
1 $energy \leftarrow \min(energy, re(CH))$;
2 $delay \leftarrow delay + dl(CH)$;
3 $packetloss \leftarrow packetloss \times pl(CH)$;
4 $memory \leftarrow \min(memory, ma(CH))$;

Cuando un CH recibe un FANT, actualiza el campo de información de la hormiga, incrementa el conteo de saltos de la hormiga y empuja su identificación (por ejemplo, i) en la pila de nodos de la hormiga. El siguiente salto se selecciona de acuerdo con un cierto valor de probabilidad. El valor probabilístico $P_i^k(j)$ determina la probabilidad de pasar de CH i a j para la clase de tráfico k, que se calcula como se expresa en la Ecuación (3.1.8):

$$P_i^k(j) = \begin{cases} \dfrac{\Psi_i^k(j)}{\sum_{s \notin V_{pass}} \Psi_i^k(s)} & \text{if } j \notin V_{pass}, \\ 0 & \text{if } j \in V_{pass}. \end{cases} \tag{3.1.8}$$

DóndeV$_{Pass}$ el conjunto de nodos que el FANT ha pasado $\Psi_i^k(J)$ es el valor normalizado de feromona de i a j para la clase de tráfico k. Este valor combina todos los parámetros de QoS la aplicación se ha establecido para la clase de tráfico. Para calcular este valor, se debe calcular el siguiente valor de probabilidad:

1. Probabilidad de energía normalizada:

$$p_{e,i}^{k}(j) = \frac{e_i^k(j)}{\sum_{s \in N_i} e_i^k(s)}$$

Dónde N_i indica el conjunto de vecinos CH de CH i y e_i^k (j) es el valor energético para Nodo J y clase de tráfico k en la tabla de feromonas de Nodo i.

2. Probabilidad de retardo normalizada:

$$p_{\delta,i}^{k}(j) = \frac{\delta_i^k(j)}{\sum_{s \in N_i} \delta_i^k(s)}$$

Dónde N_i denota el conjunto de vecinos CH de CH i y $\delta_i^k(j)$ representa el valor de retardo para Nodo J y clase de tráfico k en la tabla de feromonas del nodo i.

3. Probabilidad de pérdida de paquetes normalizada:

$$p_{\varepsilon,i}^{k}(j) = \frac{\varepsilon_i^k(j)}{\sum_{s \in N_i} \varepsilon_i^k(s)}$$

Dónde N_i identifica el conjunto de vecinos CH de CH i y $\epsilon_i^k(j)$ es el valor de pérdida de paquetes para Node J y clase de tráfico k en la tabla pheromone de Nodo i.

4. Probabilidad de memoria disponible normalizada:

$$p_{\mu,i}^{k}(j) = \frac{\mu_i^k(j)}{\sum_{s \in N_i} \mu_i^k(s)}$$

Dónde Ni traduce el conjunto de vecinos CH de CH i y $\mu_i^k(j)$ es el valor de memoria para Nodo J y clase de tráfico k la tabla de feromonas de Nodo i.

Por último, el valor de feromona normalizado de i a j para la clase de tráfico k, $\Psi_i^k(j)$, se calcula Como:

$$\Psi_i^k(j) = \frac{\alpha_e p_{e,i}^k(j) + \alpha_\delta p_{\delta,i}^k(j) + \alpha_\varepsilon p_{\varepsilon,i}^k(j) + \alpha_\mu p_{\mu,i}^k(j)}{\sum_{s \in N_i} [\alpha_e p_{e,i}^k(s) + \alpha_\delta p_{\delta,i}^k(s) + \alpha_\varepsilon p_{\varepsilon,i}^k(s) + \alpha_\mu p_{\mu,i}^k(s)]} \quad (3.1.9)$$

Tenga en cuenta que Ψ se calcula como la suma de todos los parámetros de QoS recopilados por las hormigas, es decir, la energía, el retraso, el ancho de banda, la pérdida de paquetes y las feromonas de memoria disponibles, normalizadas en una sola cantidad con una magnitud comparable.

La normalización de las feromonas permite convertirlas en la misma dimensión. Tenga en cuenta que los valores alfa son constantes positivas arbitrarias, que representan la importancia de cada componente de QoS en la selección del siguiente salto en la ruta.

Fase de hormigas hacia atrás: cuando una hormiga hacia adelante llega al nodo recolector, se realiza la evaluación de la ruta encontrada. La información recopilada por FANT se compara con los valores de los parámetros establecidos por la aplicación para cada métrica de QoS.

Por ejemplo, la aplicación puede demandar rutas con un valor de pérdida de paquetes inferior al 1% y una relación de energía residual superior al 80%. El nodo recolector evalúa la información del FANT frente a estos parámetros y determina si la ruta es adecuada. Si la ruta no cumple con los requisitos de la aplicación, el FANT se descarta. La aplicación debe ajustar estos parámetros para obtener rutas eficientes. El nodo recolector puede rechazar todos los caminos encontrados por las hormigas si los parámetros son irreales o imposibles obtener en las condiciones actuales de la red.

Cuando se recibe un FANT apropiado que cumple con los requisitos de la aplicación, el fregadero pulveriza el FANT y se genera un BANT. Un BANT transporta la información recopilada de su FANT correspondiente y los ID de nodo intermedio de la ruta y se envía de vuelta utilizando la ruta inversa de su FANT correspondiente. Cuando se recibe un BANT en el CH i intermedio, la información almacenada dentro de dicho BANT se utiliza para actualizar el valor de feromonas y, por lo tanto, la entrada de la tabla de enrutamiento de probabilidad corresponde al destino del FANT.

Los valores en el enlace entrante aumentan y los valores

pertenecientes a los otros enlaces se reducen utilizando las funciones de actualización de feromonas. Estas funciones funcionan de la siguiente manera:

1. Para la feromona de energía:

$$e_i^k(j) = \begin{cases} \rho_e \cdot energy + (1 - \rho_e) \cdot e_i^k(j) & \text{incoming link} \\ (1 - \rho_e) \cdot e_i^k(j) & \text{other links} \end{cases} \quad (3.1.10)$$

donde e_k^i (j) representa el valor de feromonas correspondiente a la energía residual para la clase de tráfico k y el vecino j en el nodo i, la energía es el valor recolectado por el FANT correspondiente sobre la energía residual de la ruta mínima y ϱ_e ($0 < \varrho_e < 1$) es el parámetro de mejora de feromonas para el enlace entrante. Su propósito es hacer cumplir las rutas eficientes mientras se disminuye la idoneidad de las malas (evaporación de feromonas). Otras funciones de actualización de feromonas son similares.

2. Para la feromona de retardo:

$$\delta_i^k(j) = \begin{cases} \frac{\rho_\delta}{delay} + (1 - \rho_\delta) \cdot \delta_i^k(j) & \text{incoming link} \\ (1 - \rho_\delta) \cdot \delta_i^k(j) & \text{other links} \end{cases}$$

donde $\delta_i^k(j)$ denota el valor de feromonas de retardo almacenado en el CH i para la Clase k y Vecino j, y el retardo representa el valor de retardo recopilado por el FANT correspondiente. Asimismo, en la fórmula de feromonas de energía, $\varrho\delta$ ($0 < \varrho_\delta < 1$) representa el factor de mejora de feromonas para el enlace entrante del BANT y ($1 - \varrho_\delta$) representa el factor de evaporación de feromonas para los otros enlaces.

3. Para la feromona de pérdida de paquetes:

$$\varepsilon_i^k(j) = \begin{cases} \frac{\rho_\varepsilon}{packetloss} + (1 - \rho_\varepsilon) \cdot \varepsilon_i^k(j) & \text{incoming link} \\ (1 - \rho_\varepsilon) \cdot \varepsilon_i^k(j) & \text{other links} \end{cases} \quad (3.1.11)$$

donde $e_i^k(j)$ muestra el valor de la feromona de pérdida de paquetes almacenado en el CH i para la Clase k y Vecino j, y la pérdida de paquetes representa el valor de pérdida de paquetes recopilado por el FANT correspondiente. Similar a la fórmula de feromonas de retardo, ϱ_ε ($0 < \varrho_\varepsilon < 1$) representa el factor de mejora de feromonas para el enlace entrante del BANT y $(1 - \varrho_\varepsilon)$ representa el factor de evaporación de feromonas para los otros enlaces.

4. Por último, para la feromona de memoria disponible:

$$\mu_i^k(j) = \begin{cases} \rho_\mu \cdot memory + (1 - \rho_\mu) \cdot \mu_i^k(j) & \text{incoming link} \\ (1 - \rho_\mu) \cdot \mu_i^k(j) & \text{other links} \end{cases}$$

donde $\mu_i^k(j)$ indica el valor de feromonas de memoria almacenado en el CH i para la Clase ky Vecino j, y la memoria representa el valor de pérdida de paquetes recopilado por el FANT correspondiente. Similar a la fórmula de feromonas de retardo, ϱ_μ $(0 < \varrho_\mu < 1)$ representa el factor de mejora de feromonas para el enlace entrante del BANT y $(1 - \varrho_\mu)$ expresa el factor de evaporación de feromonas para los otros enlaces.

Los senderos de feromonas de la mejor ruta ofrecen incentivos, proporcionando una mayor cantidad de feromona. Además, en la corriente de la historia, la peor ruta ofrece un castigo de feromonas incitar a otras hormigas a mantenerse alejadas de la peor solución.

El BANT se envía al siguiente CH en la trayectoria inversa del FANT correspondiente. Cuando el BANT alcanza la fuente CH del FANT, se pulveriza después de actualizar la tabla de feromonas de la tabla de origen. A continuación, los datos se pueden enviar al receptor siguiendo la ruta de probabilidad máxima.

Fase de mantenimiento de enrutamiento: mientras un nodo envía información que pertenece a una determinada clase de tráfico, los FANT se generan periódicamente para encontrar rutas actualizadas, es decir, cambios de topología en la red que cumplen con los requisitos de QoS especificados por la aplicación. Los procesos de mantenimiento de enrutamiento también se ocupan de los problemas de congestión y pérdida de enlaces.

1. El problema de la congestión: cuando la carga de una cola de una clase de tráfico en un CH intermedio sobrepasa un umbral predefinido (llamado Γ), el CH envía un MANT de control de congestión a sus nodos vecinos aguas arriba para modificar las tablas de feromonas para la clase de tráfico dada. . El TTL de este MANT se establece de acuerdo con el nivel de gravedad del tráfico: cuanto más denso sea el tráfico, mayor será el valor TTL. Al recibir el MANT del

CH j, el nodo i reduce la fuerza de la feromona en la ruta y clase de tráfico correspondientes. Luego, el nodo i usa otras rutas con un nivel relativamente alto de feromonas para reenviar paquetes que forman parte de la clase de tráfico congestionado.

2. El problema del enlace perdido: AntSensNet también utiliza mensajes HELLO periódicos para actualizar la información sobre la conectividad de los nodos vecinos. Una vez que el siguiente salto se vuelve inalcanzable, el CH primero borra todas las entradas, en la tabla de feromonas del Nodo i, que corresponden al enlace roto, y luego busca en su tabla de feromonas un nodo vecino alternativo para transmisiones de datos posteriores. Luego, el CH envía un MANT a todos los vecinos para informarles que el Nodo i es inalcanzable y que deben ser removidos de sus tablas de feromonas.

Fase de transmisión de datos: en AntSensNet, un CH reenvía los datos siguiendo la ruta del valor máximo de feromonas. Cuando un nodo tiene varios saltos siguientes para una clase de tráfico determinada k, selecciona uno con el máximo Ψ. Este valor se calcula de la misma forma que el de un FANT, Ecuación (3.1.9).

Esta estrategia lleva a que la carga de datos se difunda según la calidad de ruta estimada. Cuando las estimaciones se mantienen actualizadas, lo que se realiza mediante el uso de FANT, como se describe en la sección anterior, se produce el equilibrio de carga automático.

Cuando un camino es claramente peor que otro, se evita, reduciendo así su carga de tráfico. Otros caminos obtienen así más tráfico, provocando una mayor congestión, reduciendo así sus parámetros de QoS. Adaptación continua de datos el tráfico incita a los nodos a distribuir las cargas de datos de manera uniforme en la red.

Data Ants o DANT: En AntSensNet, las hormigas son agentes especiales que ayudan en el descubrimiento y mantenimiento de rutas. Sin embargo, también son paquetes de alta prioridad. Son enviados, procesados y recibidos por el CH con mayor prioridad que cualquier otra clase de tráfico. Una hormiga especial, conocido como DANT (Data Ant), se asigna para transportar datos urgentes (o en tiempo real) desde un nodo al receptor.

En este caso, la información se encapsula en este tipo especial de hormiga y se procesa antes que todas las demás clases de tráfico en cada nodo. El comportamiento de los DANT es similar al de los FANT, sin embargo, los primeros no recopilan información de cada CH que encuentran a lo largo de su ruta, ni generan BANT cuando llegan al fregadero. Además, eligen su siguiente salto de acuerdo con la ruta que tiene el nivel máximo de feromonas.

Transmisión de vídeo

Si una aplicación necesita más precisión para transmitir vídeo, AntSensNet ofrece un mecanismo para transportar una secuencia de vídeo entre un nodo de origen y el receptor. Este mecanismo utiliza un esquema de programación de paquetes de vídeo multitrayecto eficiente para una distorsión de vídeo mínima a través de la red inalámbrica. El mecanismo se basa en el algoritmo "Baseline" propuesto en [63]. Ese esquema utiliza el códec H.264/AVC como técnica de codificación debido a su eficiencia de compresión, baja complejidad y resistencia a errores.

En ese documento, los autores expresan que los altos requisitos de ancho de banda de extremo a extremo de la comunicación de vídeo generalmente no pueden ser alcanzados por los WMSN, cuando se utiliza el enfoque tradicional de enrutamiento de ruta única, lo que conduce a la degradación de la calidad de vídeo percibida. Con el fin de cumplir los requisitos de QoS, se debe adoptar un enfoque multitrayecto, donde la fuente de vídeo entrega los datos a sus destinos a través de múltiples rutas, soportando así una velocidad de transferencia agregada superior a lo que es posible con cualquier trayecto.

Específicamente, los datos de vídeo codificados se segmentan y multiplexan de una manera específica, en función de su importancia de distorsión, sobre diferentes rutas para que el receptor pueda ensamblar los datos de vídeo y decodificarlos con la máxima calidad percibida. AntSensNet, a petición de una aplicación, puede crear varias rutas para transportar paquetes de vídeo. En otras palabras, el protocolo tiene la posibilidad de enviar los paquetes de vídeo utilizando el esquema asingle-path oramulti-path, basado en una decisión de la aplicación.

Múltiples caminos al nodo recolector La transmisión de video por múltiples caminos se ha estudiado extensamente [33]. Los beneficios de seleccionar múltiples rutas entre un servidor de video y un cliente en lugar de solo el El camino más corto incluyen entre otros:

- correlación reducida entre las pérdidas de paquetes

- mayores recursos de canal que pueden soportar las demandas de la aplicación en QoS

- el consumo de energía se distribuye de forma más uniforme en los nodos de red evitando el nodo Fallas

- capacidad de adaptarse a las ocurrencias arbitrarias de congestión en diferentes partes de la red Cuando una fuente de vídeo deseainiciar la transmisión de avideo y su CH no tiene una ruta activa al receptor, esa fuente CH inicia la detección de rutas mediante la difusión de un paquete especial de la hormiga de avance de vídeo (VFANT) a los vecinos ch. El comportamiento en cada nodo intermedio es el mismo que cuando se detecta una ruta de acceso única. A diferencia del algoritmo de ruteo de trayecto único, para descubrir las trayectorias múltiples, los Nodos intermedios no descartan los VFANT duplicados.

Cuando un VFANT alcanza el receptor, genera un paquete de la hormiga hacia atrás del vídeo (VBANT) para el nodo de origen CH. El VBANT vuelve al origen utilizando los nodos que v VFANT visitaron. Los métodos de actualización de la tabla de enrutamiento son los mismos que la detección de una sola ruta de acceso. Dado que los VFANT duplicados no se descartan, el nodo receptor puede enviar varios VBANT de vuelta al origen. En el origen, se examinan los VBANT recibidos y se descartan aquellos que no proporcionan desvinculación de vínculos con las rutas descubiertas por otros VBANT.

Después de eso, la fuente CH tiene un conjunto de trayectos separados del link para utilizar en una transmisión de video. Cuando se inicia el envío de paquetes de vídeo, el salto siguiente está determinado por las rutas descubiertas y estas rutas se modifican solamente cuando surgen problemas como la congestión, como los errores, etc.

Modelo de distorsión de video Usamos el algoritmo de programación de línea base propuesto en [63]. Este algoritmo identifica en primer lugar las posibles rutas desde el emisor CH hasta el sumidero que, en conjunto, pueden satisfacer los requisitos de calidad de los servicios del servicio de vídeo. En segundo lugar, en caso de que el ancho de banda agregado de las múltiples rutas sea limitado, el algoritmo utiliza el siguiente modelo de predicción de distorsión de video para determinar los paquetes menos importantes que podrían descartarse antes de la transmisión.

Para expresar analíticamente el modelo de distorsión, se define una lista de fotogramas de referencia previamente codificados con tamaño MREF que se utiliza durante los procesos de codificación y decodificación para la predicción compensada por movimiento. Este parámetro tiene en cuenta el impacto del número de marcos de referencia en la propagación de la distorsión.

Además, cada cuadro se codifica en varios paquetes de video de acuerdo con cada tamaño. Finalmente, un simple mecanismo de ocultación de errores, que reemplaza una trama perdida con su anterior en el decodificador, se aplica. El modelo propuesto incluye modelos analíticos para la pérdida de una sola trama, una ráfaga de pérdidas con longitud de ráfaga variable B (donde B ≥ 2) y pérdidas de trama separadas por un retraso.

Programación de paquetes de línea base En [63] se introduce el algoritmo de programación de paquetes "Línea de base". En nuestra implementación, este algoritmo usa AntSensNet para transportar los paquetes entre un CH y el sumidero. En estas condiciones, el algoritmo de programación de paquetes "Baseline" programa la transmisión de paquetes de video a través de múltiples rutas eliminando el exceso de tráfico de video para evitar la congestión de la red.

En más detalles, los recursos de canal en un WMSN son escasos y hay casos en que los requisitos de la fuerza trans superan la velocidad de transferencia agregada disponible de las trayectorias múltiples. Si la tarifa que se requiere para la transmisión libre de errores (RTR) es más alta que la velocidad de transmisión de la puerta de agravio disponible actual (ATR) después el remitente decide qué paquetes de video serán caídos óptimamente para adaptar su tarifa actual al asignado. Los paquetes que se van a descartar se seleccionan de acuerdo con su impacto a la distorsión de vídeo general.

Una combinación de uno o más paquetes de vídeo puede ser

omitido antes de la transmisión de vídeo por la fuente de vídeo. La eliminación de un paquete impone una distorsión que afecta no sólo al fotograma de vídeo actual, sino a todos los fotogramas de vídeo correlacionados. La inteligencia del algoritmo de programación de paquetes es que utiliza el modelo de predicción de distorsión presentado previamente, que considera la correlación entre las tramas de referencia, así selecciona el patrón óptimo de paquetes para caer en cada ventana de transmisión.

Este proceso no consume tiempo ni energía, ya que la ventana de transmisión es generalmente pequeña y los cálculos matemáticos no son de alta complejidad. Los paquetes transmitidos se distribuyen entre las rutas disponibles en función de su impacto en la distorsión de vídeo; por lo tanto, los paquetes de gran importancia se transmiten a través de las rutas de mayor capacidad.

Resultados experimentales

Se evaluaron tres aspectos principales de AntSensNet: su proceso de agrupación en clústeres, su enrutamiento al- gorithm y el mecanismo de transmisión de vídeo, que se analizaron por separado. En cada caso, se utilizó un NS-2 [58] para implementar y simular los algoritmos novedosos. Hay dos tipos de nodos: escalares y multimedia (con más energía y memoria que los nodos escalares). La mitad de los nodos son multimedia. El rango de radio de los nodos abarca 100 metros y la velocidad de datos es igual a 2 Mbit/s. En la capa MAC, se utilizó una versión modificada del protocolo DCF 802.11b. La modificación fue hecha en la política de la cola del protocolo MAC para ser validado el tráfico multi-clase y multi-prioridad.

El proceso de agrupación en clústeres

Para estas simulaciones, se asumió que 100 nodos sensores se distribuyeron aleatoriamente en un área cuadrada de 100 m × 100 m. Este escenario se ejecutó durante 600 segundos. Para comparar este nuevo protocolo, se decidió compararlo con T-ANT [69], ya que era la base de nuestro protocolo de agrupamiento y también porque superaba a otros algoritmos de agrupamiento conocidos, como LEACH [40] y ATENCIÓN [83].

Para este experimento, se asume un Rcluster = 20m, y se usa el mismo esquema de rotación de CH en AntSensNet que en T-ANT: hay múltiples rondas en la vida útil de la red, y en cada ronda, se lleva a cabo una rotación de CH. El CH encuentra su miembro del grupo cuyo nivel de feromona, Ecuación (3.1.6), es el más alto, antes de que se convierta en el CH de la siguiente ronda.

La Figura 3.1 muestra la conectividad CH de estos protocolos en diferentes tiempos de simulación. Esta propiedad indica si existe comunicación directa entre los CH de la red, es decir que no hay CH aislado. Esta propiedad es muy importante en este nuevo algoritmo, ya que todo el tráfico entre los nodos de origen y el sumidero es transportado por el CH. Si los CH están aislados, es imposible transmitir información desde ese grupo al sumidero. En esta simulación, cualquier nodo puede ser un CH, en otras palabras, establecemos a = b = 0 en la Ecuación (3.1.6). Observa que después solo 20 rondas, (una ronda de 20 cada una), la conectividad de T-ANT es aceptable. Mientras tanto, la conectividad de AntSensNet se mantiene constante al 100%. El principal objetivo de diseño de nuestro algoritmo de agrupamiento se alcanza con la conectividad permanente de los CH.

En la Figura 3.2, la mejora obtenida a través de nuestro algoritmo de agrupación en clústeres AntSensNet se ejemplifica aún más en el gráfico de vida útil de la red. La vida útil de la red se define como el momento en que el primer nodo de la red tiene una batería agotada. Para este experimento, el componente de memoria en la fórmula de la feromona de agrupamiento (parámetro a en la ecuación (3.1.6)) se estableció en 0 (cero) y el componente de energía (parámetro b en la ecuación (3.1.6)) se estableció en 1.

De esta manera, los sensores ricos en energía tienen mayores probabilidades de convertirse en CH. Además, se utilizó una fuente de tráfico CBR de velocidad de bits constante para generar tráfico de datos de paquetes de 32 bytes.

Todos los nodos regulares enviaron al receptor un paquete / segundo en promedio. Los nodos que no envían entran en modo de suspensión. Se realizaron cinco simulaciones, donde varió el valor del componente energético. La energía inicial de los nodos escalares fue de 0.1J y para los nodos multimedia, esta energía inicial fue de 0.5J para permitir que los nodos desaparezcan antes.

Sin embargo, esto no cambia el patrón de comportamiento de

estos protocolos. Está claro que AntSensNet exhibe la vida útil más larga con todos los nodos que permanecen completamente funcionales. Los resultados de las pruebas muestran que AntSensNet logra más del doble de la vida útil del cabezal de clúster de T-ANT. Eso se puede explicar por el hecho de que TANT selecciona cualquier nodo como cabeza de clúster. Ese nodo puede ser un nodo normal o un nodo rico en recursos.

Si se selecciona un nodo normal como CH, debe realizar algunas tareas importantes en el proceso de enrutamiento y eso implica un mayor consumo de energía.

Un nodo normal actuando ya que CH agotará su batería primero que un nodo rico en recursos. AntSensNet, por el contrario, generalmente selecciona nodos ricos en recursos como CH. De esa manera, la vida útil de la red (el tiempo que muere el primer nodo) es más larga en AntSensNet que en T-ANT.

El proceso de enrutamiento

Esta simulación se llevó a cabo después de la agrupación de redes. Los parámetros de agrupamiento fueron a = b = 0.5, es decir, para seleccionar un CH, los componentes de memoria y energía son igualmente importantes. El rendimiento de este novedoso algoritmo se comparó con un protocolo conocido, AODV, compatible con NS-2. AODV se modificó para considerar solo los CH en el momento en que buscan rutas de red.

De esta forma, se puede comparar una versión de AODV con AntSensNet. En el escenario base, 400 nodos (200 escalares y 200 multimedia) se colocan en un área cuadrada de 400 m × 400 m, y Rcluster = 60 m. Las simulaciones se ejecutan durante un total de 600 segundos cada vez.

Se tomaron en consideración tres métricas de rendimiento: la tasa de entrega de paquetes (PDR) implica la proporción de paquetes de datos entregados con éxito y el total de paquetes de datos enviados desde el origen a su destino. El retraso de un extremo a otra muestra la cantidad de tiempo necesario para entregar correctamente un paquete desde el origen al receptor.

La sobrecarga de enrutamiento indica la relación entre los paquetes de enrutamiento transmitidos y el total de paquetes de datos entregados. Los paquetes de enrutamiento incluyen paquetes de control utilizados para el descubrimiento de rutas, el mantenimiento de rutas y las actualizaciones de feromonas.

Se utilizó un modelo de origen de tráfico de velocidad de bits constante (CBR) para generar tráfico de datos entre paquetes de 32 y 1024 bytes. Los nodos producen dos clases de tráfico: tráfico multimedia (con un tamaño de paquete de 1024 bytes) y tráfico escalar (paquete de 32 bytes).

Dos nodos (uno escalar y uno multimedia) en el mismo clúster solo envían información al receptor. Obviamente, el tráfico multimedia tiene mayor prioridad que el tráfico escalar. Usando el modelo CBR, los Nodos de origen enviaron cuatro paquetes de datos al receptor por segundo, en promedio.

El cuadro 3.3 muestra la relación de entrega de paquetes (PDR) de AODV, el tráfico escalar AntSensNet (ASNS) y el tráfico multimedia de AntSensNet (ASNM). En este caso, la aplicación definió los siguientes parámetros de QoS para esas clases de tráfico:

- Para ASNS: en la ecuación (3.1.9), todos los valores de α son iguales a 0, excepto αe (componente de energía residual), que se establece en 1. La energía residual mínima de la trayectoria debe ser superior a 0 (parámetro Emin de la ecuación (3.1.5)).

- Para ASNM: en la ecuación (3.1.9), todos los valores de α son 0, excepto $\alpha\varepsilon$ (componente de pérdida de paquetes), que se establece en 1. Es decir, la pérdida de paquetes en las rutas descubiertas para esta clase de tráfico debe ser mínima.

- Ambas clases de tráfico tienen los valores ϱ (parámetro de aplicación de feromonas) establecidos en 0,7 para las ecuaciones (3.1.10) y (3.1.11).

Encontramos que el ASNS muestra una PDR promedio comparable con AODV, mientras que el ASNM supera a estos dos protocolos después de algunos segundos. Al principio, ASNM carece de información suficiente para encontrar las rutas apropiadas, pero después de un cierto período de tiempo, cuando el algoritmo converge y los teantes han reunido mucha información de nodo y ruta, la desigualdad de rutas descubiertas para el ASNM es superior a las encontradas por ASNS y AODV. Se esperaban esos resultados, y esta investigación confirma las hipótesis de los autores.

En la Figura 3.4, observe la comparación de retardo medio de extremo a extremo entre los protocolos. Para este experimento, se cambiaron los parámetros para la clase de tráfico ASNM: todos los valores de α son 0, excepto $\alpha\delta$ (parámetro de retardo de cola acumulativo), que se establece en 1.

Para esta simulación, el retardo máximo (parámetro Dmax en la ecuación (3.1 .5)) se establece en 8 mseg. Observe que los retrasos de un extremo a otro asociados con los paquetes ASNM y ASNS son más bajos (y mejores) que los de AODV. Dado que se descubrieron múltiples rutas, cuando una ruta al destino se rompe, los paquetes podrían continuar reenviando inmediatamente utilizando otras rutas sin un nuevo proceso de descubrimiento de ruta.

Obviamente, esto redujo el retardo de un extremo a otro de los paquetes ASNM y ANSN. Dado que ASNS considera solo la energía como el parámetro principal para el descubrimiento de rutas, no todos los paquetes se dirigieron a la mejor ruta. Por lo tanto, ASNS generalmente requiere más demora de extremo a extremo que ASNM.

La sobrecarga de ruteo se muestra en el cuadro 3.5. Puesto que los paquetes FANT/BANT adicionales se requieren periódicamente para monitorear y mantener las condiciones de trayecto, la sobrecarga de ruteo de AntSensNet es mayor que AODV.

Esta sobrecarga se puede reducir incrustando datos en FANTs (una muestra de DANT) y piggybacking la información de feromonas en los paquetes de datos si haytrafficbetween el nodo recolector y los CHs. Debido a tales actualizaciones periódicas, AntSensNet requiere una cierta cantidad de sobrecarga de ruteo.

Influencia de la carga de red

La figura 3.6 muestra los efectos de la carga de la red en las métricas de rendimiento al aumentar el número de conexiones de datos de 10 a 30. Estos resultados se han obtenido de un promedio de diez simulaciones de 600 segundos cada una.

La Figura 3.6a muestra que la PDR para los protocolos AODV y AntSensNet (ASN) tiene una tendencia decreciente cuando se aumenta el número de conexiones de datos (512K CBR). La PDR de AODV cayó del 76% al 51%, mientras que la de ASN cayó del

92% al 58%. Tanto AODV como ASN son capaces de mantener el <50% de PDR en este último caso.

Como se muestra en la figura 3.6b, para un número de conexiones de datos de 10 nodos que transmiten al mismo tiempo, los protocolos tienen una latencia relativamente pequeña de <20ms. La latencia aumenta gradualmente con el número de conexiones de datos simultáneas. Vale la pena señalar que la diferencia en la latencia entre la carga en 30 conexiones de datos es aproximadamente dos veces, es decir, de 75 ms para ASN y 120 ms para AODV, que es significativo.

Estos resultados se explican por la capacidad de AntSensNet para encontrar adaptación a las condiciones de la red, para encontrar mejores rutas y utilizar rutas múltiples.

Transmisión de vídeo

En esta sección comparamos la capacidad de los protocolos ASAR [74] y TPGF [70] frente a nuestro protocolo AntSensNet para transmitir paquetes de vídeo.

La topología de red utilizada es la misma utilizada en las simulaciones anteriores. Sólo un sensor de vídeo en toda la red es capturar, codificar y enviar una secuencia de vídeo en directo al nodo recolector. Utilizamos solamente dos trayectorias para enviar los paquetes (en TPGF y AntSensNet, para ASAR usamos solamente una trayectoria).

La secuencia de vídeo se codifica según el estándar H.264/AVC con una lista de fotogramas de referencia de tamaño cinco fotogramas para una predicción compensada. La secuencia de pruebas de vídeo Foreman[11] asen utiliza con resolución QCIF con 300 fotogramas de vídeo a una velocidad de fotogramas de 30 fps con un paso de cuantificación constante. Además, el valor del parámetro MREF se estableció en 5 Marcos.

El período entre cuadros es de 36 cuadros y se establece para que sea igual a la ventana de transmisión. Las tramas de vídeo se encapsulan en paquetes de tamaño 1,024 bytes. Se creó un seguimiento de texto del archivo de vídeo que incluye el tamaño de cada fotograma y el tiempo desde el inicio del vídeo que se produjo en el fotograma.

Esta información de texto se incluyó dentro del campo de

datos de los paquetes en la simulación. A medida que se enviaba y recibía cada paquete, se generaba un archivo de seguimiento que indicaba el número de segmento de tiempo del vídeo que se envía.

Después de la simulación, el archivo de vídeo fue reconstruido utilizando el software Evalvid [48], se expandió en vídeo sin comprimir utilizando ffmpeg [47], y en comparación con el archivo de origen original sin comprimir de nuevo utilizando el software Evalvid.

La Figura 3.7 muestra el PSNR promedio del video de Foreman. Podemos ver que la calidad del video fue mayor para las simulaciones que usan AntSensNet en comparación con los otros protocolos.

Esto se debe a que los protocolos TPGF y ASAR no pueden manejar correctamente el contenido de video. No implementan ningún control de tasa de minimización de la distorsión y solo están especializados en la transmisión de datos escalares. Por el contrario, AntSensNet es consciente del contenido y es capaz de tomar acciones para minimizar la distorsión del video.

Conclusión

El prometedor ritmo de crecimiento tecnológico ha llevado al diseño de sensores capaces de detectar y producir datos multimedia. Sin embargo, como los datos multimedia contienen imágenes, video, audio y datos escalares, cada uno merece sus propias métricas.

Estas características de las redes de sensores multimedia dependen de métodos eficientes para satisfacer los requisitos de QoS. Dada tal motivación, este artículo propone un algoritmo de enrutamiento QoS como AntSensNet para WMSNs basado en un marco de optimización de Ant Colony y un proceso de agrupamiento inspirado biológicamente.

El algoritmo de enrutamiento también ofrece diferentes clases de tráfico, adaptadas a las necesidades de las aplicaciones. El elemento de agrupamiento utiliza agentes especiales (hormigas) para guiar la selección de CH de una manera totalmente forma distribuida.

En comparación con T-ANT, otro algoritmo de agrupamiento basado en hormigas, este novedoso proceso de agrupamiento logra una conexión CH permanente con menores costos de energía.

El enrutamiento comprende componentes tanto reactivos como proactivos. En una configuración de ruta reactiva dirigida a las clases de tráfico en las redes de sensores multimedia, el algoritmo puede seleccionar rutas para cumplir con los requisitos de QoS de la aplicación, mejorando así el rendimiento de la red.

Los datos multimedia se envían por las rutas encontradas. A lo largo de la sesión, las rutas se supervisan y mejoran continuamente de forma proactiva. Los resultados de la simulación muestran que el rendimiento de AntSensNet supera al AODV estándar en términos de proporción de entrega, demora de extremo a extremo y sobrecarga de enrutamiento.

Los resultados de la simulación apoyan que el mecanismo de reducción de la distorsión propuesta utilizada para transportar paquetes de video da como resultado un video de mejor calidad que el uso de otros protocolos para el transporte multimedia (TPGF y ASAR).

En trabajos futuros, pretendemos estudiar el método de inicialización para completar las tablas de enrutamiento con niveles iniciales de feromonas. Como se muestra en la literatura [81], tales mecanismos pueden aumentar aún más la eficiencia de la red.

Otros enfoques que se estudiarán incluyen la integración de múltiples nodos sumideros, así como la movilidad de los nodos.

Otra mejora que planeamos investigar es extender la arquitectura propuesta a una arquitectura t de capas cruzadas propuesta en este trabajo para incluir una mejor interacción con una entidad de transporte y la subcapa MAC.

De manera similar, en lugar de la capa MAC 802.11, investigaremos el uso de Sensor MAC (SMAC), que es un protocolo MAC diseñado para redes de sensores inalámbricos. SMAC tiene el potencial de hacer que la arquitectura entre capas sea más eficiente energéticamente.

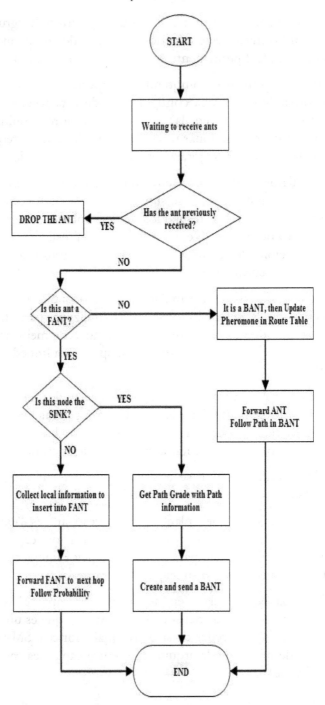

Figura 3.3 Proceso de descubrimiento de rutas de AntSensNet

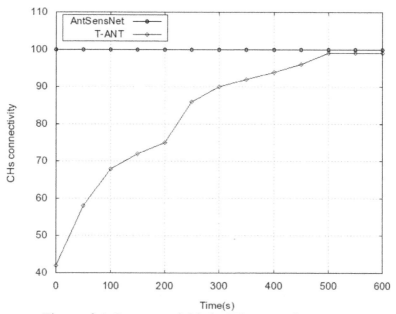

Figura 3.1 La conectividad CH en varios momentos de simulación para AntSensNet y T-ANT.

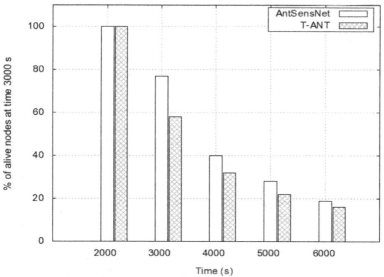

Figura 3.2 Duración de la red frente al tiempo de simulación para T-ANT y AntSensNet.

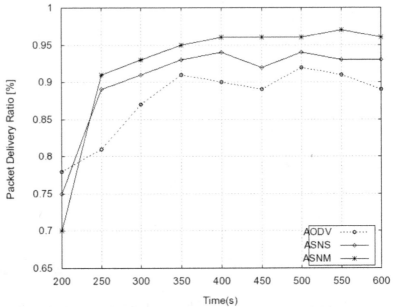

Figura 3.3 Relación de entrega de paquetes.

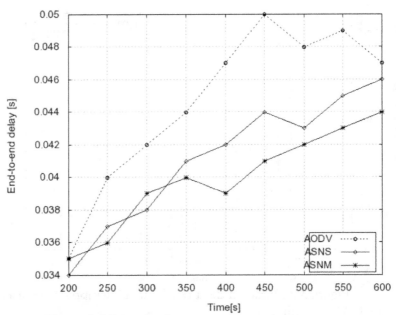

Figura 3.4 Retardo de extremo a extremo.

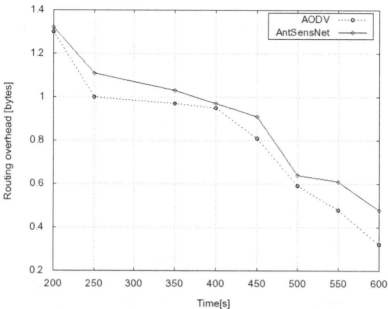

Figura 3.5 Sobrecarga de enrutamiento.

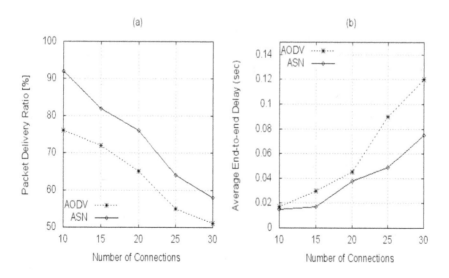

Figura 3.6 Resultados del número variable de conexiones de datos en a) PDR y b) retraso medio de extremo a extremo

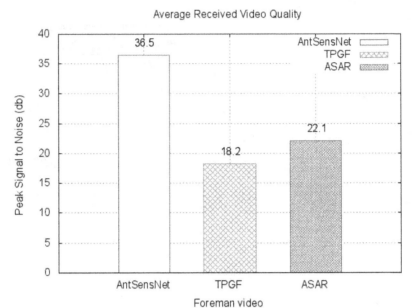

Figura 3.7 Calidad de video recibida del video de Foreman

Capítulo 4. Formulación de programación de enteros y algoritmo codicioso para la colocación del sensor direccional 3D en WMSN

Los sensores se pueden colocar en un área de interés, ya sea determinista o aleatoriamente. La elección del esquema de despliegue depende en gran medida del tipo de sensores, la aplicación y el en- vironment en el que funcionarán los sensores. Para algunas aplicaciones, la implementación aleatoria de nodos es la única opción factible. Esto es particularmente cierto para entornos hostiles como un campo de batalla o una región de desastre.

Dependiendo de la distribución del nodo y del nivel de redun- dancy, la implementación aleatoria de nodos puede alcanzar los objetivos de rendimiento necesarios. Alternativamente, la implementación de nodos deterministas es viable y a menudo necesaria cuando los sensores son caros o cuando su funcionamiento se ve significativamente afectado por su posición. Tales escenarios incluyen el popu- lating un área con nodos sísmicos de alta precisión, aplicaciones WSN bajo el agua, y la colocación de sensores de imagen y video [82].

Mientras que las redes de sensores convencionales a menudo asumen el modelo de detección omnidireccional donde cada sensor puede detectar por igual su entorno en cada dirección, los sensores de imagen / video en un WMSN adoptan el modelo de detección direccional. En este modelo, la región de detección de cada sensor direccional es un sector del disco de detección centrado en el sensor con un radio de detección.

En otras palabras, los sensores direccionales tienen la noción de dirección de medición, es decir, son capaces de tomar mediciones solo en una dirección específica. Cuando un sensor está orientado hacia una dirección y un objetivo está en la región de detección del sensor, decimos que la dirección del sensor cubre el objetivo.

En general, estos sensores están implicados en escenarios de aplicación tridimensionales (3D), lo que es mucho más difícil de analizar en comparación con las regiones de despliegue bidimensional [82]. Esa es la razón por la que la mayoría de los trabajos existentes se centran en el modelo de detección 2D simplificado.

Sin embargo, de acuerdo con [62] quienes han investigado la aplicabilidad del análisis de cobertura contemporáneo y las estrategias de ubicación aplicadas para espacios 2D a configuraciones 3D, muchas de las formulaciones populares, como la galería de arte y los problemas de empaquetamiento de esferas, que se pueden resolver de manera óptima en 2D, conviértase en NP-Hard en 3D.

Además de eso, la mayoría de los enfoques de ubicación para multimedia direccional sensores se esfuerza por mejorar la calidad de las imágenes visuales y / o la precisión de la evaluación de los objetos detectados. Otros enfoques se centran en optimizar la red de sensores después los sensores se despliegan aleatoriamente en un campo de sensores. Por lo tanto, existe una necesidad imperiosa de técnicas de planificación WMSN direccional 3D eficientes y efectivas.

En este capítulo, estudiamos el problema del despliegue de cobertura conectada en el contexto de redes de sensores multimedia direccionales en un campo de detección 3D. Proporcionamos un marco de optimización que minimiza el número desensorsinstalados, teniendo en cuenta tanto la cobertura de punto direc 3D como las restricciones de conectividad de red.

Proponemos una formulación de programación lineal de enteros (ILP) para el problema que permite resolver de manera óptima en redes de tamaño pequeño y evaluar el impacto de los parámetros del sistema. También proponemos un enfoque heurístico que permite lograr una solución de buena calidad en un corto tiempo de computación, abordando también la optimización de implementaciones de red más grandes.

Formulación de problemas

El despliegue controlado es la forma ideal de realizar la colocación de redes de sensores multimedia. Estos sensores deben instalarse en lugares precisos de una habitación y no distribuirse aleatoriamente en un campo exterior, debido principalmente a su costo y a la importancia de conocer su posición exacta para las aplicaciones. Por lo tanto, nuestro trabajo ofrece a los diseñadores de WMSN un modelo eficiente y eficaz para ayudarles a asegurarse de que su red implementada determinísticamente funcione lo mejor posible en un campo de sensores 3D.

Suposiciones

Se hacen las siguientes suposiciones sobre el modelo que estamos formulando:

- Una red de sensores multimedia direccionales consta de sensores multimedia direccionales y una estación base, todos ellos estáticos.

- Los sensores direccionales son responsables de detectar / monitorear el entorno, así como de enviar los datos que reciben de otros sensores hacia la estación base. Estos sensores tienen percepción sectorial, es decir, capturan información en una región direccional, generalmente llamada campo de visión (FoV).

- Una estación base es responsable de recopilar todos los datos generados por el sensor. La estación base tiene suficiente hardware, suficiente software y suministro de energía constante.

- Los puntos de control son ubicaciones en el campo del sensor que deben estar cubiertos por un número requerido de sensores.

- Los sitios factibles son un conjunto de puntos donde es posible desplegar los sensores en el campo de sensores.

- Los puntos de control o los sitios factibles pueden distribuirse de forma regular (es decir, una cuadrícula) o aleatoriamente.

- El tráfico predominante en la red es el tráfico de datos de los sensores a la estación base.

- Solo consideramos espacios 3D convexos sin obstáculos que restrinjan el campo de visión de nuestros sensores multimedia.

- Como resultado de eso, el área cubierta por un sensor será un círculo con el centro en el sensor y el radio igual al rango de detección del sensor, y un punto de control estará cubierto por un sensor si el punto de control está dentro del área de cobertura del sensor.

Modelo de detección de sensores direccionales 3D

Para simplificar, también asumimos un modelo de detección booleano [41]. En este modelo, un evento será detectado por un sensor si la ocurrencia de tal evento está dentro del rango de detección del sensor, de lo contrario no. Sin embargo, a diferencia del modelo de detección 2D isotrópico (omnidireccional) que se ve como un área circular completa en un plano de dos dimensiones, el modelo de detección 3D se enfoca en dos características distintas:

1) el sensor está ubicado en un punto 3D fijo, y su dirección de detección es giratorio en 3D alrededor de su ubicación; 2) el área de cobertura de un sensor está limitada por su campo de visión. Tenga en cuenta que, en el resto del documento, a menos que se indique lo contrario, usamos los términos "sensores" o "nodos" para simplificar la referencia al sensor multimedia inalámbrico, incluido Sensores de video y audio con vista direccional. Por lo tanto, definimos un modelo de detección direccional 3D de la siguiente manera.

Nuestro modelo de detección que define el campo de visión de los sensores se puede describir mediante una pirámide. Esta pirámide se puede caracterizar completamente por los siguientes parámetros (consulte la Figura 4.1):

1. $P = (x, y, z)$: las coordenadas cartesianas que denotan la ubicación del sensor en 3D Espacio.

2. $\rightarrow$ D: la dirección de detección (u orientación) del sensor direccional. Este es un vector que conecta el vértice de la pirámide (el punto P) con el punto ubicado en el centro de la base de la pirámide. Además de su longitud, esta dirección está definida por su inclinación (θ) y su acimut

(φ). La inclinación es el ángulo desde el eje z positivo y el acimut es el ángulo medido desde el plano cartesiano xy.

3. α y β: los ángulos de desplazamiento horizontal y vertical del campo de visión alrededor - → D

4. rs: el rango de detección del sensor direccional, más allá del cual no se cubrirá un punto de control. Este valor es la longitud del vector - → D.

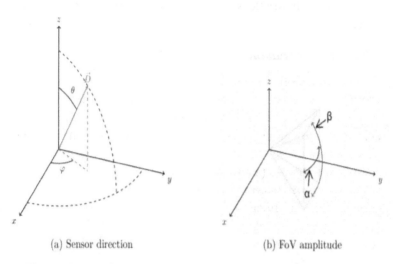

(a) Sensor direction   (b) FoV amplitude

Figura 4.1 Parámetros de FoV

En el caso ideal, las direcciones y compensaciones del sensor son variables continuas en el espacio. Podrían tomar cualquier valor de 0 a 360°. Pero, dado que nuestra función objetivo, el número (entero) de cámaras, no es continua y diferenciable, y para hacer que nuestro problema sea manejable, aproximamos el caso continúo muestreando poses, es decir, asumimos que los sensores direccionales solo pueden adoptar un conjunto discreto de valores para estos ángulos

Declaración de problema

En este trabajo, nuestro objetivo es optimizar la topología general de la red seleccionando correctamente la ubicación y el campo de visión de los sensores direccionales de tal manera que se minimice el número total de sensores desplegados, bajo las restricciones de que cada punto de control está cubierto por al menos un número determinado. de sensores y la red resultante está conectada. A este problema lo llamamos "Colocación mínima del sensor direccional 3D" o M3DSP. Desafortunadamente, M3DSP se convierte en el problema de cobertura de conjuntos en su forma más simple, que se sabe que es NP-hard en el sentido fuerte [31]. Como resultado, resolver M3DSP se vuelve computacionalmente prohibitivo para obtener una solución de ubicación de sensor óptima exacta para redes de tamaño realista. Por lo tanto, proponemos heurísticas y algoritmos de aproximación eficientes y precisos.

Cobertura por sensores direccionales

A continuación, el término espacio denota una habitación tridimensional física convexa. Definimos que un punto de control en ese espacio está cubierto por un sensor si ese punto está dentro del campo de visión del sensor. Determinar si un punto de control c ubicado en $C = (c_x, c_y, c_z)$ está cubierto por un sensor j con parámetros $(Pj = (x_j, y_j, z_j), - \rightarrow D_j, \alpha_j, \beta_j, r_s)$, en primer lugar, transformamos las coordenadas del punto de control del sistema de coordenadas mundial al sistema de coordenadas del campo de visión. Figura 4.2 muestra el proceso en 2D. Para ello, debemos seguir los siguientes dos pasos:

Figura 4.2 Proceso para saber si un punto está cubierto en 2D

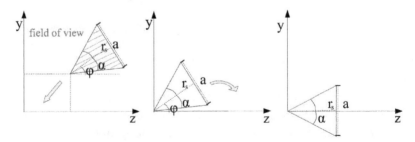

1. Traduzca el FoV del sensor direccional al origen del sistema de coordenadas. El punto de control se traducirá de la misma manera. Como consecuencia de eso, las nuevas coordenadas traducidas para el punto de control, que llamamos C^1, se puede conseguir en la siguiente manera:

$$C' = C - P_j = \begin{pmatrix} c_x \\ c_y \\ c_z \end{pmatrix} - \begin{pmatrix} x_j \\ y_j \\ z_j \end{pmatrix} = \begin{pmatrix} c_x - x_j \\ c_y - y_j \\ c_z - z_j \end{pmatrix} \qquad (4.1.1)$$

2. Gire el campo de visión y el punto de control trasladado alrededor del eje z— y x —, por $\pi/2$ - φ y θ respectivamente, de modo que el vector de dirección de detección - → D se vuelva paralelo al eje z. En la ecuación (4.1.2), la variable C^{11} representa la nueva coordenada del punto de control trasladado rotado:

$$C'' = \mathbf{R_x}(\theta) \cdot \mathbf{R_z}(\frac{\pi}{2} - \varphi) \cdot C' \qquad (4.1.2)$$

where

$$\mathbf{R_z}(\gamma) = \begin{pmatrix} \cos\gamma & -\sin\gamma & 0 \\ \sin\gamma & \cos\gamma & 0 \\ 0 & 0 & 1 \end{pmatrix} \qquad (4.1.3)$$

and

$$\mathbf{R_x}(\gamma) = \begin{pmatrix} 1 & 0 & 0 \\ 0 & \cos\gamma & -\sin\gamma \\ 0 & \sin\gamma & \cos\gamma \end{pmatrix} \qquad (4.1.4)$$

La concatenación de las transformaciones proporciona las coordenadas de un punto de control en el sistema de coordenadas mundiales transformado en sus coordenadas en el sistema de coordenadas del sensor direccional:

$$C'' = \mathbf{R_x}(\theta) \cdot \mathbf{R_z}(\frac{\pi}{2} - \varphi) \cdot (C - P) \qquad (4.1.5)$$

Con $C^{00} = (c^{00}_x, c^{00}_y, c^{00}_z)$ que representa las coordenadas del punto de control en el sistema de coordenadas FoV, estamos listos para hacer la prueba de punto cubierto (CPT). Esta prueba depende de todos los campos de visión parámetros y establece que el control c está cubierto por un sensor direccional j si se cumplen todas las condiciones siguientes:

81

$$a) \quad c_z'' \le r_s \tag{4.1.6}$$

$$b) \quad -\tan\frac{\alpha}{2} \le c_y'' \le \tan\frac{\alpha}{2} \tag{4.1.7}$$

$$c) \quad -\tan\frac{\beta}{2} \le c_x'' \le \tan\frac{\beta}{2} \tag{4.1.8}$$

En otras palabras, un sensor direccional 3D en la posición $P_j = (x_j, y_j, z_j)$, orientación - $\rightarrow$ D (inclinación = θ, acimut = ϕ), rango de detección r_s y ángulos de compensación α y β cubre un punto de control c ubicado en $C = (c_x, c_y, c_z)$ si y solo si se satisfacen 4.1.6–4.1.8.

Modelado de problemas

A continuación, derivamos un modelo ILP para resolver el problema M3DSP. Primero definimos los siguientes conjuntos:

- Sea $S = \{1 \ldots N\}$ ser el conjunto de sitios factibles donde se pueden instalar los sensores direccionales, despliegue de sensores en el campo de sensores.

- Sea $\Phi = \{1 \ldots M\}$ ser el conjunto de puntos de control a monitorear en el campo del sensor.

- Sea Ψ el conjunto de todas las posibles direcciones (u orientación) de un sensor.

- Sea A el conjunto de todos los ángulos de desplazamiento horizontal posibles para un sensor. Es decir, el conjunto de valores que podemos asignar al parámetro α en el campo de visión del sensor.

- Sea B el conjunto de todos los posibles ángulos de compensación vertical para un sensor. Es decir, el conjunto de valores que podemos asignar al parámetro β en el FoV del sensor

A continuación, definimos los siguientes parámetros

- Q, denotan el número mínimo de sensores direccionales que deben cubrir todos los controles Punto.

- Rs, el rango de detección para todos los sensores.

- RC, el rango de comunicación para todos los sensores.

También definimos nuestras constantes:

- D, Matriz de adyacencia que resume la conectividad entre dos sensores instalados en dos sitios factibles. Se define como

$$D_{ij} = \begin{cases} 1 & \text{if } dist(i,j) \leq r_c \text{ with } i \in \mathcal{S}, j \in \mathcal{S}, i \neq j, \\ 0 & \text{otherwise} \end{cases} \quad (4.1.9)$$

Dónde dist ($\cdot$) es la distancia euclidiana entre la posición de los dos dispositivos involucrados

- B, Matriz de adyacencia que resume la conectividad entre un sensor instalado en un y la estación base de la WMSN. Se define como

$$B_{ij} = \begin{cases} 1 & \text{if } dist_b(i) \leq r_c \text{ with } i \in \mathcal{S}, \\ 0 & \text{otherwise}. \end{cases} \quad (4.1.10)$$

Dónde dist$_B$ ($\cdot$) representa la distancia euclidiana entre un sensor y la estación base.

- C, Matriz de adyacencia que resume la cobertura del punto de control por la Sensores. Esta matriz se define como

$$C_{ij}^{rab} = \begin{cases} 1, & \text{if a control point } m \in \Phi \text{ is within} \\ & \text{the coverage area of a sensor placed at location} \\ & i \in \mathcal{S} \text{ when its orientation is } r \in \Psi, \\ & \text{its horizontal offset angle is } a \in \mathcal{A} \\ & \text{and its vertical offset angle is } b \in \mathcal{B}, \\ 0, & \text{otherwise}. \end{cases} \quad (4.1.11)$$

- Uij, Capacidad del enlace inalámbrico entre sensores (i, j), i, j ∈ S, i 6 = j

- Ubi, Capacidad del enlace inalámbrico entre el sensor i ∈ S y la estación base de red.

- Umax, cantidad máxima de datos que un sensor direccional puede manejar (transmitir y / o recibir) por unidad de tiempo (llamada capacidad del nodo).

- Ri, La velocidad a la que se genera la información en un sensor ubicado en i ∈ S

Por último, definimos las siguientes variables de decisión:

- Xirab, una variable binaria definida como

$$x_i^{rab} = \begin{cases} 1, & \text{if a sensor is placed at location } i \in \mathcal{S} \\ & \text{with a orientation } r \in \Psi, \text{ a horizontal offset angle } a \in \mathcal{A} \\ & \text{and a vertical offset angle } b \in \mathcal{B}, \\ 0, & \text{otherwise.} \end{cases} \quad (4.1.12)$$

- yij, una variable binaria definida como

$$y_{ij} = \begin{cases} 1, & \text{if there are is a sensor installed at site } i \in \mathcal{S} \\ & \text{that communicates with a sensor installed at site } j \in \mathcal{S}, i \neq j, \\ 0, & \text{otherwise.} \end{cases} \quad (4.1.13)$$

- ybi, una variable binaria definida como

$$y_i^b = \begin{cases} 1, & \text{if there are is a sensor installed at site } i \in \mathcal{S} \\ & \text{that communicates directly with the base station,} \\ 0, & \text{otherwise.} \end{cases} \quad (4.1.14)$$

- fij, El caudal de datos desde el nodo sensor i al nodo sensor j con i, j ∈ S e i 6 = j.

- f bi, El caudal de datos desde el nodo sensor i hasta la

estación base de la red, con $i \in S$.

Por tanto, podemos modelar nuestro problema mediante el siguiente sistema de optimización. La siguiente función objetivo tiene como objetivo minimizar el número de sensores direccionales que se instalarán sobre la red

$$\min \sum_{i \in S} \sum_{r \in \Psi} \sum_{a \in A} \sum_{b \in B} x_i^{rab} \qquad (4.1.15)$$

La optimización está sujeta a las siguientes restricciones:

La primera restricción asegura que se asigne exactamente una combinación de compensaciones de dirección a cada sensor:

$$\sum_{r \in \Psi} \sum_{a \in A} \sum_{b \in B} x_i^{rab} \leq 1 \qquad \forall i \in S \qquad (4.1.16)$$

El requisito de cobertura está representado por la siguiente restricción

$$\left(\sum_{i \in S} \sum_{r \in \Psi} \sum_{a \in A} \sum_{b \in B} x_i^{rab} \cdot C_{ij}^{rab} \right) \geq Q \qquad \forall j \in \Phi \qquad (4.1.17)$$

lo que garantiza una cobertura completa de los monitoreados son tales que cada punto de control está cubierto por al menos Q sensores.

Se establece un enlace inalámbrico entre dos sitios de ubicación si se instalan dos sensores en esos sitios y pueden comunicarse entre sí. Esto está representado por la siguiente restricción

$$y_{ij} \leq \frac{D_{ij}}{2} \cdot \left(\sum_{r \in \Psi} \sum_{a \in A} \sum_{b \in B} x_i^{rab} + \sum_{r \in \Psi} \sum_{a \in A} \sum_{b \in B} x_j^{rab} \right) \qquad \forall i, j \in S, i \neq j \qquad (4.1.18)$$

Del mismo modo, se puede establecer un enlace inalámbrico entre la estación base y un sitio de colocación solo si hay un sensor instalado en ese sitio y puede comunicarse con la estación base. Esto se garantiza mediante la siguiente restricción:

$$y_i^b \leq B_i^s \cdot \sum_{r \in \Psi} \sum_{a \in \mathcal{A}} \sum_{b \in \mathcal{B}} x_i^{rab} \qquad \forall i \in \mathcal{S} \qquad (4.1.19)$$

La siguiente restricción garantiza que la red resultante está conectada, es decir, que la estación base recibe todos los datos generados por los nodos de sensor instalados.

$$\left(R_i \cdot \sum_{r \in \Psi} \sum_{a \in \mathcal{A}} \sum_{b \in \mathcal{B}} x_i^{rab} \right) + \sum_{j \in \mathcal{S}, j \neq i} f_{ij} - \sum_{j \in \mathcal{S}, j \neq i} f_{ji} \leq f_i^b \qquad \forall i \in \mathcal{S} \qquad (4.1.20)$$

La suma del flujo entrante y saliente a través de un nodo de sensor no debe exceder su capacidad y esto se garantiza mediante la siguiente restricción:

$$\sum_{j \in \mathcal{S}, j \neq i} f_{ij} + \sum_{j \in \mathcal{S}, j \neq i} f_{ji} + f_i^b \leq U_{max} \cdot \sum_{r \in \Psi} \sum_{a \in \mathcal{A}} \sum_{b \in \mathcal{B}} x_i^{rab} \qquad \forall i \in \mathcal{S} \qquad (4.1.21)$$

Los conjuntos restantes de restricciones (4.1.22) y (4.1.23) aseguran que el flujo en un link de red inalámbrica no exceda la capacidad del link.

$$f_{ij} \leq U_{ij} \cdot y_{ij} \qquad i, j \in \mathcal{S}, i \neq j \qquad (4.1.22)$$

$$f_i^b \leq U_i^b \cdot y_i^b \qquad \forall i \in \mathcal{S} \qquad (4.1.23)$$

Por último, las restricciones (4.1.24) y (4.1.25) definen el dominio de cada variable

$$x_i^{rab}, y_{ij}, y_i^b \in \{0, 1\} \qquad \forall i, j \in \mathcal{S}, i \neq j; r \in \Psi; a \in \mathcal{A}, b \in B \qquad (4.1.24)$$

$$f_{ij}, f_i^b \in \mathbb{R}^+ \qquad \forall i \in \mathcal{S}, i \neq j \qquad (4.1.25)$$

Heurística propuesta

Aunque la solución de la formulación ILP proporciona la solución óptima para el problema de colocación mínima de sensores direccionales 3D (M3DSP), no es escalable para instancias de problemas grandes. Esa es la razón por la que presentamos aquí un algoritmo de tiempo polinómico heurístico codicioso basado en la resolución del problema de una manera aproximada.

Para encontrar una buena solución, nuestro algoritmo sigue dos pasos. El primer paso es la selección de un conjunto de sensores $\Gamma \subseteq S$ con su respectivo FoV. A este primer paso lo llamamos "El buscador de juegos de cubiertas". Los sensores de este conjunto cubren todos los puntos de control en el campo (el conjunto que definimos previamente como Φ). El segundo paso crea una red conectada desde Γ, agregando nodos desde S para lograr este objetivo.

El pseudocódigo para el primer paso se muestra en el algoritmo 4. La idea básica en este paso se puede describir de la siguiente manera: comenzando con un conjunto vacío Γ, agregamos sensores uno por uno hasta que todos los puntos de control estén cubiertos con sensores Q. Sensores que no están en Γ y cubren al menos una el punto de control en el campo con cualquier combinación de direcciones (conjunto Ψ) y compensaciones (conjuntos A y B) son elegibles para agregarse a Γ. Entre los sensores elegibles, se seleccionará el que cubra el mayor número de puntos de control.

Una red de sensores conectados es aquella en la que todos los sensores pueden transmitir los datos que recopilan al fregadero, ya sea directamente oa través de sensores vecinos. Pero el hecho de cubrir todos los puntos de control no asegura una red de sensores conectada. En consecuencia, en el segundo paso de nuestro algoritmo intentamos asegurarnos de que el conjunto de sensores Γ esté conectado. Esto se logra mediante un procedimiento que llamamos buscador de conjuntos conectados que funciona en el conjunto $\Gamma *$ que consiste en los sensores desconectados en Γ que habían sido devueltos por el primer paso. Este segundo paso agrega sensores a Γ uno por uno

ALGORITMO 4: Cubriendo el buscador de conjuntos

Entrada: S = el conjunto de todos los posibles sitios de colocación de sensores, C = la matriz de cobertura, Φ = el conjunto de puntos de control a cubrir

Salida: Γ = una colección de pares (sitio de colocación del sensor, FoV), que indica los sensores desplegados y su FoV asignado, Π = el conjunto de sitios de sensores sin sensor desplegado en él

```
1  Γ ← 0 ;
2  Π ← S ;
   /* q = a vector with the number of sensors covering each control point    */
3  q_j ← 0   ∀j ∈ Φ;
4  while q_j < Q for some j ∈ Φ do
5      if there is a sensor site s ∈ Π covering at least a control point then
6          (i, k) ← a pair (the sensor s ∈ Π, FoV of s) that covers the most control points in Φ;
7          Γ ← Γ ∪ {(i, k)};
8          q_j ← q_j + 1    ∀j such that (i, k) covers control point j;
9          Π ← Π − {i};
10     end
11     else
           /* since none of the non chosen nodes can cover additional control points,
              finish algorithm                                                 */
12         Stop;
13     end
14 end
```

Hasta que todos los sensores desconectados puedan transmitir sus datos al fregadero a través de los sensores recién agregados. También utilizamos el conjunto de sensores Π, que contiene los sensores no seleccionados en el primer paso. Obviamente, un sensor elegible para ser agregado a Γ debe elegirse entre Π. Entre todos los sensores elegibles, el que tiene la mayor cantidad de sensores en $\Gamma*$ conectarse después de agregarlo será seleccionado.

El pseudocódigo para el segundo paso se muestra en el algoritmo 5. Al final del segundo paso, el conjunto Γ no solo cubre todos los puntos de control del campo del sensor con la calidad requerida, sino que también forma una red conectada. Habíamos olvidado deliberadamente las limitaciones de capacidad para obtener una solución más sencilla a este problema.

Resultados computacionales

En esta sección, presentamos los resultados para evaluar el rendimiento del modelo ILP y también evaluaremos la calidad de nuestro algoritmo codicioso con respecto a la solución exacta (óptima) obtenida de la formulación de ILP. Para encontrar la solución óptima, implementamos nuestro modelo utilizando IBM

ILOG OPL CPLEX V6.3 [23]. CPLEX es una herramienta matemática de programación y optimización que resuelve problemas lineales con variables continuas, enteras o mixtas, utilizando el método de bifurcación y enlace.

ALGORITMO 5: Buscador de set conectado

Entrada: Γ = una colección de pares (sitio de colocación del sensor, FoV), que indica los sensores desplegados y su FoV asignado, Π = el conjunto de sitios de sensores sin sensor desplegado en él

Salida: Γ

```
 1  Γ* ← Γ;
 2  forall the (v,k) ∈ Γ do
 3      if there is a path between v and the sink then remove the connected node v
 4          Γ* ← Γ* − {(v,k)};
 5      end
 6  end
 7  while Γ* ≠ ∅ do
 8      if Π ≠ ∅ then
 9          Determine sensor i ∈ Π that connect the highest number of sensors in Γ;
10          Γ ← Γ ∪ {(i,∅)};
            /* i.e., ∅ = the FoV in this case is not important              */
11          Π ← Π − {i};
12          Update Γ* by removing sensors that become connected due to addition of i to Γ;
13      end
14      else
            /* It's impossible get a connected set Γ                         */
15          Stop;
16      end
17  end
```

Evaluación comparativa: Greedy vs CPLEX

En primer lugar, para evaluar la calidad de nuestra heurística frente a la solución exacta, consideramos el efecto del número de sitios de ubicación y comparamos la función objetivo proporcionada por nuestro algoritmo codicioso con el límite inferior proporcionado por CPLEX.

La medida del objetivo La función representa el número y el campo de visión de cada sensor instalado necesario para cubrir todos los puntos de control. Los experimentos se configuran de la siguiente manera. Las ubicaciones de los puntos de control y los sitios de colocación se generan de manera uniforme para un campo de sensor de 100 m × 100 m × 100 m.

Hay 50 puntos de control que deben cubrirse y una estación base (ubicada en el centro del campo) donde se debe enviar todo el tráfico. Cada sensor tiene un rango de transmisión de 30 m. La capacidad de nodo de cada sensor es de 40 Kbps y la capacidad de enlace de cada enlace inalámbrico es de 10 Kbps. La tasa de generación de datos es de 512 bps para cada sensor. El rango de detección es de 20 my cada punto de control debe estar cubierto por al menos un sensor.

El conjunto de valores posibles para los componentes del campo de visión (compensaciones y direcciones) es el siguiente:

- Inclinaciones = azimuths= $\{-45°, 0°, 45°\}$.

- A = B= $\{45°, 90°, 135°\}$

La Tabla 4.1 muestra los resultados de este primer experimento. La primera columna indica el número de sitios de colocación posibles en el campo del sensor. La segunda columna indica el valor de la función objetiva obtenida por CPLEX y la tercera columna es el tiempo empleado por CPLEX para encontrar esta solución.

La cuarta columna presenta el valor de la solución encontrada por nuestro algoritmo codicioso y la quinta columna es el tiempo que tarda el algoritmo en obtener esta solución. Para cada tamaño de problema, se generaron diez instancias del problema aleatoriamente y se calculó el promedio.

Tabla 4.1 Comparación entre las soluciones encontradas para el algoritmo CPLEX y Greedy

Placement Sites	CPLEX		Greedy	
	Solution	Time	Solution	Time
80	15	7.3609s	34	0.0883s
100	14	43.504s	30	0.127s
150	13	190.885s	26	0.2515s
200	12	448.735s	22	0.3453s
220	11	755.997s	20	0.5025s
240	11	627.190s	21	0.61693s

Tabla 4.2 Algoritmo CPLEX vs Greedy con instancias grandes

Placement Sites	CPLEX		Greedy	
	Solution	Time	Solution	Time
500	21	11.721h	28	0.2002h
1000	18	23.118h	24	0.2834h
1500	23	32.417h	26	0.3141h
2000	--	--	22	0.3815h
2500	--	--	27	0.4144h

Como se puede observar en la Tabla 4.1, podemos inferir que nuestro algoritmo codicioso proporciona buenas soluciones, que pueden ser utilizadas por otros esquemas (tal vez una búsqueda tabú o un recocido simulado algoritmos) como solución inicial. Con respecto a los tiempos de CPU, era predecible que una resolución ILP exacta no sería adecuada para redes de gran tamaño y los excelentes tiempos obtenidos por el algoritmo codicioso demuestran que esta es una heurística muy eficiente ya que el tiempo de cálculo requerido es inferior a un segundo para todas las instancias.

La Tabla 4.2 muestra cómo el comportamiento del algoritmo Greedy con instancias grandes del problema. El tiempo, en este caso, es en horas. Podemos ver que la solución de algoritmo Greedy está cerca de la solución CPLEX, pero el tiempo para obtener esta solución es muy mayor para CPLEX.

Además, cuando trabajamos con un problema con un número de sitios mayores que dos mil sitios, CPLEX aborta con un mensaje de "memoria insuficiente", y no podemos obtener una solución para tales casos. Sin embargo, nuestro algoritmo Greedy ha sido capaz de obtener una buena solución en un tiempo inferior a una hora de ejecución.

En lo que respecta a la reducción en el número de sensores instalados, podemos ver que a medida que aumenta el número de posibles sitios de colocación, el número de sensores instalados o desplegados disminuye. Dado que hay más sitios de ubicación disponibles, se pueden seleccionar mejores ubicaciones y un nodo puede cubrir más puntos de control, reduciendo así el número total de sensores instalados.

Impacto del rango de detección

En la práctica, el valor del rango de detección podría variar dependiendo de las propiedades físicas de los sensores y del tipo de señal que estén detectando. Medimos el impacto del rango de detección en la solución encontrada. Para ello, el número de sitios de ubicación se fijó en 200, el número de puntos de control es 50 y los desplazamientos horizontal y vertical del posible campo de visión también se fijaron en 90°.

El rango de detección tomó valores entre 14 my 30 m. La figura 4.1a muestra que tanto para la solución exacta como para la heurística codiciosa como la detección aumento de rango, se necesitan menos sensores para cubrir el mismo número de puntos de control. Este comportamiento es el esperado ya que un nodo sensor dado puede cubrir más puntos de control, pero siempre hay una diferencia del 50% entre el resultado de CPLEX y el resultado del algoritmo codicioso. La figura también demostró que para este tamaño de problema, la tendencia en las soluciones encontradas es bastante similar.

Impacto del FoV

En la práctica, un nodo sensor direccional debe poder ajustar algunos parámetros para obtener una captura mejor o más precisa de los objetos en su campo de visión. Para evaluar el impacto del campo de visión en la solución encontrada por CPLEX y por nuestro algoritmo codicioso, solo consideramos el compensaciones horizontales y verticales del sensor (los ángulos α y β) alrededor de la dirección de detección (vector $- \rightarrow D$). Fijamos el número de sitios de colocación en 200 y el número de puntos de control en 50.

El rango de detección se fija en 20 my el radio de comunicación se fija en 30 m. Variamos los ángulos α y β, pero siempre son iguales, es decir, los ángulos tomaron siempre el mismo valor.

La Figura 4.1b muestra la variación del número de sensores instalados según los ángulos FoV seleccionados. Evidentemente, a medida que disminuye el valor de los ángulos, se necesitan más sensores para cubrir el mismo conjunto de puntos de control. Ese es el resultado esperado ya que con un FoV más pequeño, cubrimos menos puntos de control. También podemos ver que nuestro algoritmo codicioso produce buenos resultados cercanos a los resultados producidos por CPLEX.

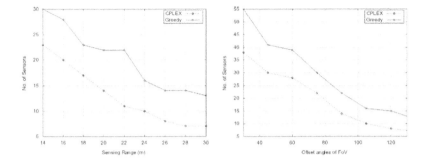

Conclusiones

En este capítulo desarrollamos una formulación de ILP para la determinación de la colocación óptima del sensor di- rectional 3D. También propusimos una heurística codiciosa para resolver grandes instancias del modelo en una cantidad razonable de tiempo de CPU. El componente principal de este heuris- tic es encontrar conjuntos de sensores conectados que cubran los puntos de control con la calidad requerida.

Las simulaciones realizadas en varias instancias de prueba indican que la heurística proporciona resultados aceptables con respecto a la solución exacta del modelo ILP derivado, dentro de tiempos de cálculo bajos. A pesar de su aspecto centralizado, nuestro algoritmo codicioso exhibe baja complejidad y bajos tiempos de computación, lo que hace que su implementación práctica sea adaptable para implementaciones a gran escala.

Como direcciones de investigación futuras, tenemos la intención de desarrollar una heurística más sofisticada para mejorar las soluciones encontradas. Por ejemplo, podemos usar el algoritmo codicioso como la solución inicial para una heurística de búsqueda tabú, debido a una buena solución que encontramos usando ese algoritmo.

Además, también incluiremos en nuestro modelo la noción de consumo energético y vida útil de la red, elementos muy importantes que todo diseñador debe tener en cuenta a la hora de planificar una red de sensores inalámbricos. Finalmente, pretendemos trabajar en una versión distribuida de nuestros algoritmos aproximados para obtener soluciones en un tiempo más corto.

Capítulo 5. Una estrategia de control de admisión distribuida para redes de sensores multimedia inalámbricos

Hay muchasaplicaciones que pueden utilizarlass características especiales de aWMSN.Those appli- cations requieren que wmSNs proporcionen mecanismos para entregar contenido multimedia con un cierto nivel de calidad de servicio (QoS), como hemos mencionado anteriormente.

Estos requisitos son una consecuencia de la naturaleza de los datos multimedia en tiempo real, como la alta demanda de ancho de banda, la entrega en tiempo real, el retardo tolerable de extremo a extremo y las velocidades de fluctuación y pérdida de fotogramas adecuadas. Además, en WMSNs existen muchas restricciones de recursos diferentes, relacionadas con el consumo de energía, el ancho de banda, la velocidad de datos, la memoria, el tamaño del búfer y la capacidad de procesamiento debido al tamaño físicamente pequeño de los sensores y la naturaleza de la aplicación multimedia que normalmente proporciona una gran cantidad de datos [7].

Por lo tanto, cumplir con los requisitos de QoS y utilizar los recursos escasos de la red de una manera adecuada y eficiente plantea una serie de desafíos. Además, podemos observar que, como consecuencia del uso de canales inalámbricos propensos a errores para comunicarse, así como la topología en constante cambio y la infraestructura que falta, típica en estas redes, la tarea de garantizar QoS en un WMSN se distribuye por naturaleza. Como resultado, es difícil para una entidad central lograr un mapa exacto del estado de la red y tomar varias decisiones, como las selecciones de ruta, por ejemplo.

Se ha invertido mucho esfuerzo en los protocolos que proporcionan QoS en WMSNs [15], pero la mayoría de ellos no tienen en cuenta un factor importante al proporcionar QoS a los flujos de aplicaciones en la red: Control dinámico de admisión (AC).

AC es un mecanismo esencial diseñado para aceptar o rechazar un nuevo flujo basado en las restricciones predeterminadas solicitadas por la aplicación y los recursos disponibles en la red. Sin un mecanismo de control de admisión adecuado, la red puede admitir flujos de tráfico que generarán vínculos de comunicación saturados y sobrecargados que causan una degradación del rendimiento insoportable a los flujos ya admitidos. En este documento, proponemos un marco para un mecanismo de control de admisión de extremo a extremo que considere simultáneamente múltiples requisitos de QoS. Nuestro marco:

- tiene en cuenta los parámetros importantes de QoS que son requeridos porla mayoría de las aplica ejecutado en un WMSN. Estos parámetros incluyen el ancho de banda, la velocidad de error del paquete, el retardo y el jitter.

- desacoplado al protocolo de enrutamiento para realizar las tareas requeridas y se pueden integrar con cualquier tipo de protocolo reactivo como OSDV, DSR, etc. Además, no requiere mantener ninguna información de estado a lo largo de toda la ruta. Sin embargo, para reducir la sobrecarga y mejorar el tiempo de respuesta, nuestro marco utilizará la información relativa a los estados de enlace y nodo recopilados por los protocolos de enrutamiento y MAC.

- garantiza los requisitos globales de QoS de extremo a extremo mediante decisiones locales conjuntas de los nodos participantes. Esta operación se basa en el concepto de contratos de QoS Hop-by-Hop introducido en [55]

- también permite que el nuevo flujo reserve los recursos necesarios, de modo que cuando el Routing Protocol comienza a transmitir los paquetes, las condiciones de red para el nuevo flujo no difieren de las que el algoritmo de control de admisión encontró previamente en la red.

Estrategia de Control de Admisión

Según [24], el propósito de un mecanismo de control de admisión (Control de Admisión (AC)) es restringir el acceso a la red en función de la disponibilidad de recursos para evitar la congestión de la red, la degradación del servicio, las fallas de conexión, etc. para un nuevo flujo de datos.

Una nueva petición se valida solamente si hay suficientes recursos para cumplir los requisitos de QoS sin violar el QoS de las peticiones ya aceptadas.

Nuestro mecanismo de CA se implementa mediante el concepto de contratos de QoS Hop-by-Hop. En este caso, para determinar si una ruta cumple con los niveles de extremo a extremo de QoS requeridos por un nuevo flujo de datos, cada nodo que forma parte de la ruta es responsable de garantizar determinados objetivos de desempeño local, es decir, su contrato.

El objetivo global, de extremo a extremo, se logra así mediante las decisiones locales conjuntas de los nodos participantes. En otras palabras, cada nodo y cada salto en la ruta tiene una responsabilidad de QoS (un contrato) derivada de los requisitos de QoS de extremo a extremo del nuevo flujo. Si cada nodo de la ruta tiene suficientes recursos para cumplir con su contrato local, las necesidades globales del nuevo flujo pueden satisfacerse y, como resultado, el nuevo puede admitir flujo.

Métricas para especificar los requisitos de QoS

Antes de explicar nuestros algoritmos para el control de admisión en WMSNs, presentamos una muestra de las métricas utilizadas por las aplicaciones para especificar sus requisitos de QoS para el protocolo de enrutamiento. Los requisitos de QoS de una aplicación se derivan generalmente de su especificación de tráfico. Normalmente, los requisitos se pueden expresar mediante una o varias de las siguientes métricas [37]:

- Ancho de banda mínimo requerido o capacidad de canal (en bps);

- Retraso máximo de paquetes de extremo a extremo (en segundos): la acumulación de retrasos en la cola y MAC en cada nodo más el retraso de propagación en la ruta entre la fuente y el receptor;

- Variación máxima en el retardo de fluctuación de extremo a extremo: de acuerdo con [14], este término se puede definir como la diferencia entre el límite superior del retardo de extremo a extremo y el retardo mínimo absoluto;

- Relación máxima de pérdida de paquetes (PLR): el porcentaje aceptable del total de paquetes envia que se pierden en el camino. Las pérdidas de paquetes podrían deberse al desbordamiento del búfer cuando ocurre la congestion, debido a que el límite de retransmisión se excede durante los períodos de mala calidad del canal o después de que se agote la energía de un nodo, o debido al tiempo de espera mientras espera a que se descubra una nueva ruta.

- Carga mínima de la batería: el nivel tolerable de energía en cada nodo de la ruta. Ese es un parámetro importante en un WMSN debido a la utilización de la batería para proporcionar energía al nodo y la imposibilidad de obtener instalaciones de recarga para esas baterías.

Modelo de red

En este trabajo, una red de sensores multimedia se representa como un gráfico G (V, E), donde V = $\{v_1, v_2, \cdots, v_N\}$ es un conjunto finito de nodos en un terreno de dimensión finita determinado, donde N = | V |, el número de nodos de red, y E identifica el conjunto de enlaces entre nodos, en otras palabras, $e_{ij} \in$ E si los nodos v_i y v_j están dentro del rango de transmisión del otro.

El nodo v_N representa el receptor de red. Cada enlace eij contiene conocimiento sobre su ancho de banda disponible β_{ij} y la energía gastada en la transmisión de un bit, que dependen de la distancia d_{ij} entre los nodos v_i y v_j (que llamamos i y j en el resto del artículo por el bien de sencillez).

Suposiciones

Nuestro esquema de CA funcionará como un plug-in para el protocolo de ruteo de cada nodo de red. El mecanismo de control de admisión se coloca entre el módulo de ruteo y la capa MAC (véase el cuadro 5.1), y actúa de una manera entre capas, obteniendo la información de la capa MAC y del Routing Protocol, y aceptando o rechazando una nueva conexión para un flujo de datos que la capa de aplicación quiere establecer con el receptor.

Este esquema, conocido como "desacoplado" [38], tiene la ventaja de que se puede emplear cualquier protocolo de ruteo, se habilita un diseño más simple y modular y el almacenamiento de información de estado a lo largo de la ruta puede evitarse posiblemente.

Suponemos que el MAC y las capas de ruteo pueden proporcionar la información requerida al módulo de CA. Esta información incluye:

- Capa MAC: estados de enlace y datos estadísticos como el número promedio de paquetes enviados, la vecindad del nodo, la energía utilizada para transmitir un paquete, la tasa de error de paquetes MAC, etc.

- Capa de enrutamiento: rutas al sumidero desde un nodo determinado, tasa de error de paquetes de la capa de enrutamiento, retrasos en la cola, fluctuación, identificación de nodo, etc.

Esta primera suposición en realidad implica que los protocolos de enrutamiento y MAC utilizados por nuestro mecanismo de CA son protocolos con reconocimiento de QoS. Normalmente, ese tipo de protocolo mantiene y trata esta información, como se describe en [15].

También se puede deducir aquí que el protocolo de enrutamiento conoce al menos una ruta desde el nodo i al sumidero antes de realizar el control de admisión. Conocer las rutas entre cualquier nodo de fuente de flujo y el sumidero es un requisito importante para nuestro mecanismo de CA.

Para conseguir una operación correcta, nuestro esquema de CA también asume que cada nodo en la red tiene suficiente memoria para almacenar la información necesaria para determinar si un nuevo flujo puede ser admitido o no. También se supone que el sensor tiene una potencia informática suficiente para procesar dicha información.

También suponemos que los nodos pueden estimar su ancho de banda de enlace disponible en cualquier momento (por ejemplo, utilizando el método presentado por [9]) de una manera sencilla. Del mismo modo, una aplicación puede proporcionar la información de ancho de banda requerida por cada flujo de datos.

Descripción del Mecanismo de CA

Como se mencionó anteriormente, el objetivo de un esquema AC consiste en proporcionar decisiones con respecto a la admisión de un nuevo flujo de datos en un WMSN mientras se consideran ciertas necesidades de QoS. En los casos donde una ruta se puede encontrar para proporcionar los requisitos necesarios de QoS de extremo a extremo para el nuevo flujo, se puede admitir a la red, y la aplicación puede comenzar a transmitir sus paquetes.

Nuestro mecanismo de CA funciona de la siguiente manera: dado un nuevo flujo solicitado Φ_i (δ, β, χ, ϱ, η), con un retardo máximo de extremo a extremo δ, un ancho de banda mínimo garantizado β, un paquete máximo de extremo a extremo tasa de error χ, una fluctuación máxima de extremo a extremo ϱ, y un nivel mínimo de energía en cada nodo η, generado en un nodo i que requiere una conexión al sumidero, nuestro algoritmo devolverá un mensaje "ACEPTAR", si al menos Existe una ruta de múltiples saltos desde i hasta el nodo recolector que puede proporcionar y garantizar todos los nuevos requisitos de flujo. De lo contrario, se genera un mensaje "RECHAZAR" y no se aceptará el nuevo flujo.

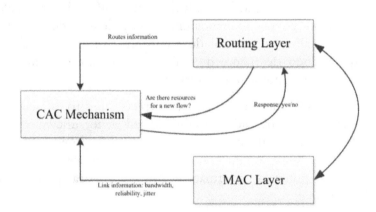

Figura 5.1 Modelado de CA

La energía (parámetro η) es un "requisito de nodo" de flujo, es decir, es una condición en cada nodo de la ruta. El nuevo caudal puede demandar un nivel mínimo de energía en cada sensor que pertenezca a la ruta encontrada.

Además de requerir un nivel mínimo de energía en cada nodo, los nuevos flujos que requieran na admisión a la red pueden demandar rutas donde el nivel de energía de los nodos esté por encima de la energía promedio de todos los nodos de la red.

De esa forma obtenemos un consumo energético justo en los diferentes nodos de la red, aumentando la vida útil de los nodos y permitiendo la admisión de un mayor número de flujos a la red. Para obtener esto, una vez que se ha obtenido con éxito una ruta al nodo recolector, este nodo inicia una "exploración periódica de la ruta" en la ruta hacia la fuente.

Este sondeo de trayectoria funciona en ambos sentidos: hacia el fregadero y desde el nodo recolector. Cuando los paquetes viajan desde el sumidero, almacenan la energía promedio en los nodos que pertenecen a la ruta. Cada nodo que reciba este paquete actualizará el estado de la ruta con este nivel de energía.

Cuando el paquete va al nodo recolector, cada nodo almacena su propio nivel de energía en el paquete, y de esa manera, cuando el paquete es recibido por el sumidero, puede calcular un nivel de energía promedio en la red con la información recibida del paquete. y él (el nodo recolector) puede comenzar un nuevo paquete de actualización de energía de "exploración de ruta" con esa nueva información.

Llamamos a los parámetros δ, β, χ, ϱ como "requisitos de salto" de flujo, porque son condiciones en cada enlace en la ruta entre el nodo fuente i y el nodo recolector.

Ahora, los requisitos de salto se pueden obtener dividiendo uniformemente estos requisitos de extremo a extremo en todos los saltos de una ruta. Como se señaló anteriormente, si el requisito de salto se puede lograr en cada salto, también se pueden cumplir los requisitos de QoS de extremo a extremo. Un nodo puede satisfacer

el requisito de salto seleccionando los nodos del siguiente salto en función de las condiciones del enlace.

Ahora vamos a establecer cómo satisfacer cada parámetro de flujo. Comencemos con el ancho de banda (β). Claramente, el ancho de banda β requerido debe proporcionarse en cada salto. Es decir, para un camino dado p,

$$\beta \leq \beta_{ij} \qquad (5.1.1)$$

En cuanto al parámetro de retardo, y teniendo en cuenta su carácter aditivo en todo el trayecto, vamos a establecer el siguiente contrato para el retardo máximo (δij) en cada enlace (i, j) en ruta al nodo recolector.

$$\sum_{}^{n} \delta_{ij} \leq \frac{n \cdot \delta}{\hat{N}_{ij}} \qquad (5.1.2)$$

donde n es el número de enlaces analizados hasta ahora en el proceso de control de admisión y N$\hat{}_{ij}$ denota el número de saltos de la ruta más larga desde cualquier nodo hasta el sumidero en las redes.

El valor de N$\hat{}_{ij}$ debe ser calculado y proporcionado por la capa de enrutamiento en cada nodo de la red. Este contrato especifica que es necesario tener en cuenta la acumulación de retrasos en cada enlace de la ruta que se descubre y analiza. Así tenemos una medida confiable de la capacidad del canal para la ruta encontrada.

Se puede aplicar un concepto similar al jitter ϱ_{ij}, es decir:

$$\sum_{}^{n} \rho_{ij} = \frac{n \cdot \rho}{\hat{N}_{ij}}. \qquad (5.1.3)$$

Por otro lado, la tasa de errores de paquetes es multiplicativa. en consecuencia, el contrato es algo diferente, pero se mantiene el mismo concepto de proporcionalidad. Es decir,

$$1 - (1 - \chi_{ij})^{\hat{N}_{ij}} \leq \chi, \qquad (5.1.4)$$

lo que lleva a

$$\chi_{ij} \le 1 - \sqrt[N_{ij}]{(1 - \chi)}. \qquad (5.1.5)$$

De esta manera, obtenemos los cuatro contratos que cada salto debe lograr para admitir un nuevo flujo. El nodo de origen calcula estos valores uYnoa vez, antes de que comience la operación de CA, y son utilizados por cada nodo para seleccionar el próximo salto en ruta hacia el nodo recolector.

Debemos mencionar que tales contratos se basan en la información recopilada por el ruteo y las capas MAC. Nuestro mecanismo de AIRE sólo utiliza esa información en el proceso de tomar decisiones sobre la admisión de nuevos flujos en la red. La admisión de nuevos flujos está regulada por un protocolo de control de admisión distribuido, que funciona de la siguiente manera. Al recibir una nueva solicitud de conexión de flujo de su capa de aplicación, el nodo i verifica si tiene suficientes recursos para acomodar este nuevo flujo mientras satisface sus requisitos de QoS.

Si es así, emite un paquete CONTRACT_REQUEST, con las características requeridas del contrato para el nuevo flujo que se genera en i. Si un nodo j, que es el vecino de i, tiene una ruta hacia el sumidero y es capaz de proporcionar el servicio solicitado con la QoS necesaria (es decir, el nodo j tiene al menos un enlace con otro nodo en su ruta hacia el sumidero, otro que i– que satisface todos los contratos antes mencionados), responde con un paquete de control CONTRACT_ACCEPTED, que también incluye la energía de la batería disponible.

Por tanto, el nodo i recibe un paquete CONTRACT_ACCEPTED de todos los vecinos que pueden satisfacer el contrato para el nuevo flujo. Entre estos, el mejor nodo j * (el que tiene más batería) está seleccionado. La fuente del nodo enviará un paquete de control ADMISSION_REQUEST al nodo seleccionado. Este proceso se describe en el pseudocódigo presentado en los algoritmos 6 y 7

ALGORITMO 6: Comienzo de CAC en el nodo fuente i

Entrada: Una solicitud de admisión de conexión para el flujo Φ (δ, β, χ, ϱ)

103

1   **if not** *enough resources* **then**

2 | Reject connection request for Φ ;

3 | **return**

4   **end**

5   Calculate Contract δ_{ij}, β_{ij}, χ_{ij}, ρ_{ij} ;

6   Broadcast packet CONTRACT_REQ with Contract;

7   **while not** TIMEOUT **do**

8 | Receive packet from a neighbor h;

9 | **if** *received packet* **is** CONTRACT_ACCEPT **then**

10 | | Store h info ;

11 | **end**

12   **end**

13   **if** *a neighbor accepted* Contract **then**

     | // Best node = max energy

14 | $j^* \leftarrow$ Best neighbor among info received;

     | // Initialize path to sink

15 | Path $\leftarrow [i]$;

16 | Send packet { ADMISSION_REQ, Contract, Path } to node j^* ;

17   **else**

18 | Reject connection request

19   **end**

ALGORITMO 7: Comportamiento de un nodo intermedio cuando recibe una CONTRACT_REQUEST

Entrada: ha llegado un paquete CONTRACT_REQ del nodo i

1   **if** *Request has not been received before* **then**

2 | **if** Contract *can be satisfied* **and** *there is a route to sink* **then**

3 | | Reply with CONTRACT_ACCEPT battery_level to node i ;

4 | **else**

5 | | Reply with CONTRACT_REJECT to node i ;

6 | **end**

7   **end**

Cuando un nodo carece de recursos para satisfacer el contrato requerido, es decir, β_{ij}, δ_{ij}, ϱ_{ij}, χ_{ij} para el nuevo flujo, envía inmediatamente un paquete CONTRACT_REJECTED al nodo anterior. Si no se recibe un paquete CONTRACT_ACCEPTED, el procedimiento CAC se aborta para ese nodo y se envía un paquete ADMISSION_DENIED al nodo ascendente, que pondrá el nodo descendente en una lista negra para evitar volver a contactarlo, y el procedimiento CAC continúe con el siguiente mejor nodo. Si no quedan más nodos vecinos, el nodo también enviará un paquete de control ADMISSION_DENIED al nodo ascendente. Cuando el nodo originador del flujo recibe paquetes ADMISSION_DENIED de todos sus vecinos, notificará a la capa de enrutamiento que el nuevo flujo no puede ser admitido. Los algoritmos 8 y 9 presentan este proceso en cualquier nodo de la red.

ALGORITMO 8: Un nodo intermedio recibe un paquete ADMISSION_REQ

Entrada: ha llegado un paquete {ADMISSION_REQ, Contract, Path} del nodo i

1 Broadcast packet CONTRACT_REQ with Contract;
2 while not TIMEOUT do
3   Receive packet from a neighbor h;
4   if *received packet* is CONTRACT_ACCEPT then
5   Store h info ;
6   end
7 end
8 if *a neighbor accepted* Contract then
     // Best node = max energy
9      $j^* \leftarrow$ Best neighbor among info received;
10   Add myself to Path;
11   Send packet { ADMISSION_REQ, Contract, Path } to node j^*;
12 else
13   Send packet ADMISSION_DENIED to node i
14 end

ALGORITMO 9: Comportamiento cuando llega un paquete de ADMISSION_DENIED

Entrada: ha llegado un paquete {ADMISSION_DENIED, Path} del nodo j

   // Add node j to a blacklist
1 Blacklist j ;
   // Choose the next best node
2 if *there is more neighbors* then
3 | $j^* \leftarrow$ next best neighbor $\neq j$;
4 | Send packet { ADMISSION_REQ, Contract, Path } to node j^*;
5 else
6 | Remove myself from Path;
7 | if *I am the flow originator* then
8 | | Reject new flow ;
9 | else
10 | | $i \leftarrow$ last node in Path;
11 | | Send { ADMISSION_DENIED, Path } packet to i ;
12 | end
13 end

Cuando llega un paquete ADMISSION_REQUEST al sumidero, este último emitirá el paquete de control CONNECTION_ADMITTED al nodo fuente correspondiente, tomando la misma ruta en sentido contrario. Después de recibir el paquete CONNECTION_ADMITTED, el nodo fuente informará a la capa de enrutamiento que el nuevo flujo ha sido admitido, que hay una ruta que satisface los nuevos requisitos de flujo y que puede enviar los paquetes almacenados en su búfer para el flujo al nodo recolector. Este proceso se muestra mediante los algoritmos 10 y 11.

ALGORITMO 10: Un nodo recolector recibió un paquete ADMISSION_REQUEST

Entrada: se ha recibido un paquete {ADMISSION_REQ, Contract, Path}

1 $j \leftarrow$ Last node in Path;

2 Send {CONNECTION_ADMITTED. Path } to node j;

ALGORITMO 11: Un nodo intermedio recibió un paquete ADMISSION_REQUEST

Entrada: se ha recibido un paquete {CONNECTION_ADMITTED, Path}

1 if *I am the originator of the new flow* then

2 $\quad$ Accept the new flow ;

3 else

4 $\quad$ $j \leftarrow$ previous node of me in Path;

5 $\quad$ Send { CONNECTION_ADMITTED. Path } to node j ;

6 end

Resultados experimentales

Para evaluar el rendimiento de este nuevo mecanismo de CA, se realizaron varias simulaciones en la versión 2.34 del simulador de red NS2 [58]. Se llevaron a cabo varias pruebas con diversas topologías y condiciones de red. Para estos experimentos, el protocolo AODV fue modificado para utilizar la ruta encontrada por el algoritmo DE CA después de que el flujo se admita para la transmisión de paquetes. Además, antes de que el AC comience a trabajar, se encuentran todas las rutas entre todos los Nodos y el receptor, utilizando el mecanismo normal de búsqueda de rutas AODV.

En nuestro primer experimento, mostramos que nuestro esquema de CA es capaz de obtener rutas que satisfagan los requisitos de un nuevo flujo que entra en la red. Para esta simulación, consideramos un escenario que consiste en un terreno de 1000 m x 1000 m con 49 nodos desplegados en una estructura de cuadrícula. El nodo recolector está situado en el centro del terreno. Cada nodo tiene un rango de transmisión de 50 m. Se emplean el protocolo MAC IEEE 802.11 y el protocolo de enrutamiento AODV. Suponemos que la capacidad del canal es de 1 Mbps.

El primer escenario comprende tres flujos, cada uno generando el tráfico con un requisito de ancho de banda de 320 kbps, un retardo máximo de entrega de paquetes de extremo a extremo de 20 ms, una tasa de error de paquetes del 0% y una fluctuación máxima de 10 ms. Cada flujo genera tráfico CBR a una velocidad de 80 paquetes, una tasa de error de paquetes del 0% y una fluctuación máxima de 10 ms.

Cada flujo genera tráfico CBR a una velocidad de 80 paquetes por segundo con un tamaño de paquete de 512 bytes. El segundo flujo comienza 10 segundos después del primer flujo, y el tercer flujo, 10 segundos después del segundo. El cuadro 5.1 muestra el rendimiento de cada uno de los tres flujos mientras que el cuadro 5.2 muestra el retardo medio del paquete de extremo a extremo para los tres flujos.

Los gráficos confirman las ventajas del nuevo esquema CAC. Por ejemplo, se garantiza un rendimiento estable para cada flujo una vez que se acepta. Además, los requisitos se cumplen a lo largo de las simulaciones. Los retrasos también se mantienen durante toda la duración de la transmisión con fluctuaciones reducidas (baja fluctuación). Las rutas encontradas son adecuadas para los flujos y sus necesidades.

En un segundo escenario, los flujos con control de admisión se comparan con los flujos sin control de admisión con el fin de evaluar las ventajas de utilizar nuestro aire acondicionado mientras se transmite información multimedia y se pasa por alto la transmisión de datos AODV mientras no se utiliza el control de admisión.

Este escenario también se despliega sobre un terreno de 1000 m x 1000 m y 49 nodos se despliegan en una estructura de cuadrícula con el nodo recolector situado en el centro del terreno. Los valores de energía iniciales de los nodos se establecen en 1200 julios. Todos los nodos de la red tienen el mismo nivel de energía.

La red incluye 20 nodos (elegidos aleatoriamente) que transmiten información CBR al enlace. Diez de estos flujos de datos requieren ancho de banda de 200 kbps, 100 msend-to-enddelay y 0% de tasa de error de paquetes. Los otros diez flujos necesitan un ancho de banda de 500 kbps, un retardo de extremo a extremo del ms de 100 ms y hasta el 10% para la velocidad de error del paquete. Las figuras 5.3 y 5.4 indican las diferencias entre la transmisión de datos de flujo con y sin AC.

El cuadro 5.3 muestra el rendimiento promedio de ambos grupos de flujos donde no hay soporte de QoS en AODV. Esta figura revela que, a pesar de todos los flujos admitidos, el rendimiento de cada flujo varía dramáticamente, el canal se congestiona y, por lo tanto, hay un nivel significativo de inestabilidad en el rendimiento de todos los flujos.

El cuadro 5.5 presenta el retardo medio de extremo a extremo para ambos grupos de flujos cuando no se utiliza AC. Como era de esperar, encontramos que con todos los flujos que transmiten datos, hay grandes retrasos de paquetes, con tremendas variaciones (gran fluctuación). Tales alteraciones no satisfacen las demandas de flujo y no son adecuadas para la transmisión de datos multimedia. En contraste con el bajo rendimiento del escenario sin QoS, el uso de AC logra una mayor estabilidad para los flujos admitidos, proporcionando así un servicio mucho mejor. Sin embargo, a pesar de que sólo se admiten 8 flujos (5 flujos del primer grupo y sólo 3 flujos del segundo grupo), pueden alcanzar sus necesidades durante toda la duración de la transmisión.

Al comparar la Figura 5.3 con la Figura 5.4, observamos que el rendimiento del tráfico para cada grupo de flujos es casi constante. Los flujos en el grupo 1 tienen un rendimiento promedio de casi 200 kbps, mientras que los flujos en el grupo 2 representan un rendimiento promedio de aproximadamente 490 kbps mientras que los requisitos se cumplen. Tal y como se muestra en del cuadro 5.6, los retrasos son mínimos cuando se utiliza AC. Los retrasos medios de extremo a extremo de los flujos admitidos de ambos grupos siguen estando por debajo de los valores de admisión requeridos. Estos breves retrasos, junto con un nivel adecuado de rendimiento que se logra demuestran que nuestro mecanismo de CA se puede utilizar para mantener el tráfico multimedia, como audio o vídeo.

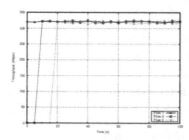

Figura 5.1 Rendimiento para flujos con control de admisión

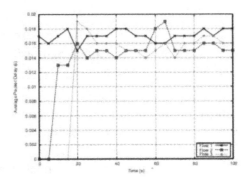

Figura 5.2 Retardo de paquetes para flujos con control de admisión

A continuación, queremos evaluar el consumo de energía en la red utilizando nuestro mecha- nismo AC. Usamos los resultados del segundo escenario para representar la vida útil de la red en ambos casos: con y sin nuestro AC. Figura 5.7 y Figura 5.8 muestra el número de nodos que están vivos durante diferentes tiempos de simulación y la energía residual promedio en los nodos re- especulativamente.

Hemos notado que mientras utilizamos nuestro mecanismo de CA más nodos permanecen vivos, lo que conduce a una mayor vida útil de la red. En cuanto al consumo de energía, cabe señalar que, al comienzo de la operación de la red, la utilización del mecanismo de CA conduce a un mayor consumo de energía, causando una menor energía residual en los nodos de red. Posteriormente, debido al número inferior de flujos admitidos en la red por el mecanismo de CA, podemos obtener una mayor cantidad de energía en los diferentes nodos de red durante más tiempo permitiendo un mejor funcionamiento de la red.

El consumo de energía es uno de los aspectos más importantes en el diseño de un protocolo de comunicación para un WMSN. La Figura 5.9 muestra la comparación entre nuestro AC y el esquema De CA de Melody [55]. En esta experiencia, un número de 50 conexiones solicitadas admisión en el momento 1 del tiempo de simulación, y 50 caudales más en el momento 2.

Todos los caudales tienen un requerimiento de energía de 100 J. En nuestro mecanismo de CA, solo el 75% de los caudales

110

obtuvieron la admisión a la red. En el esquema Melodia, todos los flujos fueron admitidos.

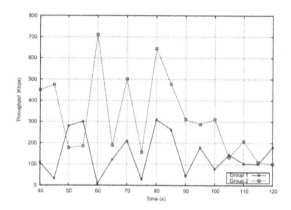

Figura 5.3 Rendimiento de los flujos sin control de admisión

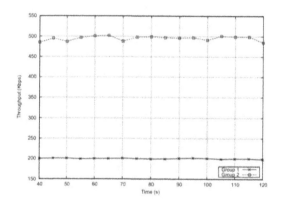

Figura 5.4 Rendimiento de los flujos con control de admisión

Para este último esquema, la energía no es un factor importante a la hora de decidir la admisión de un nuevo flujo a la red. En nuestro esquema la energía se considera vital al considerar una nueva admisión de flujo, y en la Figura 5.9 podemos ver que, aunque no todos fueron flujos admitidos, el mayor número de conexiones existentes en el esquema de Melodia AC muestra dónde está la energía promedio de nuestros nodos. drásticamente reducido. Nuestro esquema de CA es capaz de mantener un mayor nivel de energía en los nodos y una mayor vida útil de la red.

En el siguiente experimento, trabajaremos con flujos que

requieren un nivel mínimo de energía de 1J (es decir, el nodo está funcionando). El objetivo es comparar nuestro AC con el Melodia AC para determinar la influencia de la energía en la admisión de nuevos flujos. Cada segundo, se solicitan 10 nuevos flujos para la admisión a la red con un nivel mínimo de energía de 1J (es decir, el nodo está funcionando).

La Figura 5.10 muestra que el número de flujos soportados por nuestra AC excede el número de flujos soportados por el AC de Melodia en un 40%. La razón de esto es el hecho de que nuestro algoritmo encuentra rutas que permiten una distribución equitativa de potencia entre los nodos de la red.

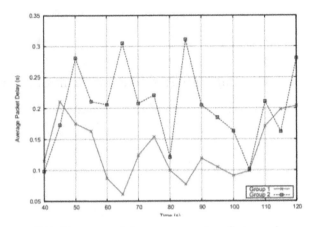

Figura 5.5 Retraso del paquete de flujos sin control de admisión

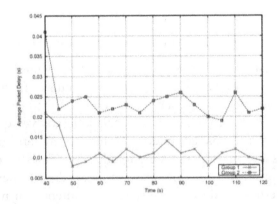

Figura 5.6 Retraso del paquete de los flujos con control de admisión

112

Esos nodos han utilizado más energía en sus baterías que otros nodos con energía limitada. Melody AC ignora la energía mientras busca rutas hacia el fregadero. Esa es la razón por la que después de un tiempo, hay nodos con poca energía en sus baterías, lo que impide la admisión de nuevos flujos a la red.

Una característica importante de nuestro mecanismo de CA es la capacidad de encontrar rutas alternativas que tengan nodos con más energía para mejorar la vida útil de la red. Nuestro mecanismo de CA también logra un mayor número de flujos admitidos. La Figura 5.11 muestra la desviación estándar de la cantidad de energía en cada nodo del sensor, una comparación con nuestro mecanismo de CA frente al mecanismo Melody.

En esa figura, podemos ver en el mecanismo de Melody AC que fluyen más admitidos y más diferencia de energía en los nodos. El mecanismo Melody solo busca una ruta que cumpla con los requisitos de un flujo que intenta entrar en la red. Nuestro mecanismo busca una ruta que cumpla con las necesidades energéticas del nuevo flujo y permita una mejor distribución del consumo de energía en la red.

Otro aspecto interesante a evaluar con respecto a la calidad de un mecanismo de control de admisión está relacionado con el FRR (False Rejection Ratio). Según [38], esta proporción puede definirse como "el número de falsos rechazos normalizados por el número de sesiones admitidas o solicitudes de admisión".

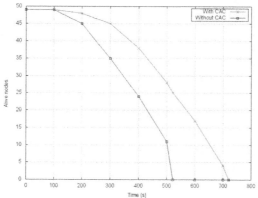

Figura 5.7 Nodos vivos en la red

113

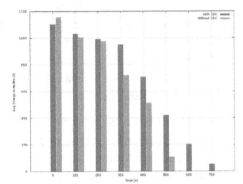

Figura 5.8 Consumo de energía

Es decir, la proporción de falsos positivos que se producen en el proceso de control de admisión. Sesiones que deberían ser admitidas, pero que el algoritmo rechaza, aunque la red sí tenga suficientes recursos para soportarlas. Si esta relación es demasiado alta, el mecanismo de control de admisión es demasiado restringido e inútil para los propósitos de la red y la aplicación.

La Figura 5.12 muestra una comparación entre nuestro mecanismo de control de admisión y el mecanismo propuesto por [55]. Para esta simulación, un número entre 1 y 20 sesiones solicitará la admisión a la red mientras intenta conectar diferentes nodos al receptor. Cada sesión requiere una latencia de 20 ms y los nodos de red pueden admitir este requisito para todas las sesiones. Sin embargo, la distribución de latencia entre los distintos nodos no se distribuye por igual entre los distintos nodos.

Hay nodos en la red con una latencia grande y otros con una latencia baja. Como se puede observar, el mecanismo propuesto por [55] tiene un FRR mucho más alto que nuestro mecanismo de CA y una gran cantidad de sesiones son rechazados, aunque la red tiene suficientes recursos para ellos. La forma en que funciona el mecanismo es la razón de la diferencia en los resultados. Este mecanismo no tiene en cuenta la naturaleza aditiva del retardo y la fluctuación, y exige que todos los vínculos tengan valores similares para estos parámetros.

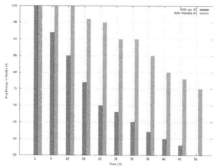

Figura 5.9 Comparación del consumo de energía

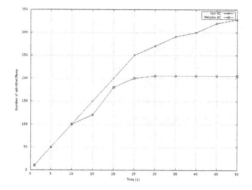

Figura 5.10 Comparación del consumo de energía

Nuestro mecanismo es más adecuado para las redes donde los parámetros de QoS, tales como retardo, no son lo mismo para los diversos Nodos en la red.

Finalmente, se realiza una simulación utilizando las mismas características del segundo escenario. En este caso, el nuevo AC se compara con el esquema de control de admisión implementado por AODVQoS [61]. AODV-QoS es una modificación del popular protocolo AODV, pero admite la "búsqueda de rutas" y considera el ancho de banda y el tiempo como parámetros de QoS. La Tabla 5.1 ilustra la comparación entre ambos esquemas de control de admisión. Un total de 20 flujos están intentando conectarse con el fregadero. Tanto AODV-QoS como nuestro esquema, utilizan una forma distribuida para admitir flujo, y cualquier nodo puede tomar la decisión.

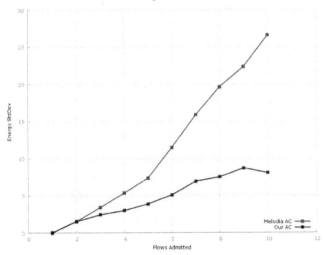

Figura 5.11 Distribución de energía en la red

El número de flujos admitidos es similar en ambos esquemas. El número de paquetes indica cuántos paquetes de red se necesitan para admitir un flujo, en promedio. En este caso, los resultados son muy similares para ambos mecanismos. La vida útil, es decir, el tiempo necesario para agotar totalmente la batería de un nodo, es mejor con nuestro mecanismo, ya que consideramos la energía del nodo en el momento en que se encuentran las rutas. El nivel de energía es secundario para el protocolo AODV-QoS, pero cuando se elige un nodo para solicitar la admisión de un flujo, ese nodo se convierte en el más apropiado, ya que está dotado de mayores niveles de energía en comparación con los demás.

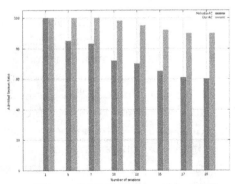

Figura 5.12 Comparación FRR

Cuadro 5.1 Comparación entre los sistemas de control de admisión

Protocolo	Flujos admitido	s Paquet	sVida
Nuestro CA	11	10	411 segun
AODV-QoS	12	11	304 segun

Conclusiones

En este capítulo, se presentó un marco para que el control de admisión (AC) proporcione QoS en las redes inalámbricas de sensores multi-medios. Este nuevo esquema AC es capaz de descubrir una ruta que satisfaga los requisitos múltiples (tales como ancho de banda, retardo, tasa de error del paquete y jitter) y, sobre esta base, determina si un flujo puede ser admitido. Este esquema se distribuye (ninguna entidad central toma las decisiones de admisión) y se adapta al enlace indicado en este momento el nuevo flujo solicita admisión.

Las evaluaciones de rendimiento muestran que el esquema propuesto es eficaz para admitir transmisiones de datos multimedia con garantías de QoS. En particular, los retrasos son mínimos, el jitter sigue siendo bajo, y el rendimiento es bastante constante con el tiempo.

Reflexiones finales

La validación mediante simulación de nuestros protocolos y algoritmos demuestra el alto grado de éxito de nuestros resultados.

Los resultados de la simulación en NS-2 han demostrado que el protocolo produce mejores resultados que otros encontrados en la literatura en términos de: mayor "vida útil de la red", menor tasa de pérdida de paquetes y menor "sobrecarga" de datos en paquetes que fluyen a través de la red.

Hemos demostrado, de forma clara y precisa, los beneficios para el buen funcionamiento de la red gracias al uso de un mecanismo de control de admisión. En el artículo es posible notar la enorme diferencia en un protocolo de comunicación cuando utiliza el control de admisión y cuando no lo hace.

Las simulaciones muestran que nuestra heurística codiciosa ha generado buenos resultados en comparación con la solución óptima generada por CPLEX. Tiempos para obtener tan buenas soluciones son aceptables teniendo en cuenta el gran número de datos.

Limitaciones de las soluciones propuestas

La primera limitación tiene que ver con el uso específico del protocolo IEEE 802.11 como sólo protocolo de capa MAC en las simulaciones de nuestro protocolo AntSensNet. En la alfabetización hemos encontrado artículos que consideran que este protocolo es inadecuado o poco realista para WMSN, debido al hecho de que no tiene en cuenta el ahorro de energía al enviar paquetes. Muchos autores proponen protocolos MAC específicos para redes de sensores, ya que se centran en el ahorro de energía.

Otra limitación tiene que ver con el algoritmo de control de admisión y su depen- dency a la información que se proporciona porexternalelements tales como capa de red y protocolos de capa MAC. Esto implica la obligación de adaptar el algoritmo a cada protocolo o capa MAC a utilizar. En consecuencia, la implementación, instalación y uso del mecanismo de control de admisión se convierten en una tarea difícil con un alto riesgo de error.

La última limitación a mencionar tiene que ver con la solución precisa a la matemática modelos presentados en el Capítulo 5. Estos modelos son realmente complejos. Es por eso que sólo los problemas sinafewnumberofdata se pueden resolver coninareasontime. Inaddition, en este trabajo hemos considerado sensores de dirección que tienen el mismo detecciónradius y la falta de obstáculos al capturar puntos de interés. El propósito final de esto es simplificar el modelo y hacerlo aplicable en CPLEX.

Trabajo futuro

Los diversos resultados de esta investigación no son productos completamente terminados y, como era de esperar, habrá margen de mejora. Ahora vamos a presentar algunas de estas posibles mejoras:

Lo primero que hay que hacer sería mejorar el rendimiento del protocolo AntSensNet, buscando esquemas eficientes para inicializar tablas de feromonas de jefes de clústeres, así como mantenerlos actualizados durante el proceso de enrutamiento. A partir de la experiencia de las simulaciones, se podría notar que estos nodos de ruteo toman tanto tiempo para dar los valores iniciales a las feromonas consideradas al rutear los paquetes.

A continuación, el nodo de enrutamiento pasa la mayor parte del tiempo llevando a cabo la actualización de estado con sus vecinos. Hemos encontrado artículos en la literatura que señalan que la eficiencia del protocolo aumenta cuando hay esquemas de inicialización originales en la tabla de feromonas. Otra investigación interesante se ocuparía de la inclusión de otros elementos relativos al protocol, como la movilidad de nodos o la integración con redescomppuestas por varias estaciones base o nodo recolectors.

En cuanto a nuestro protocolo AntSensNet, sería interesantedesararararar para probar el proceso de creación de grupos de nodos o clústeres. El mecanismo que proponemos crea clústeres alrededor de los sensores que tienen más recursos cuando la red comienza a funcionar. Pero cuando esos sensores, jefe de cluster, pierden sus recursos, los sensores que forman parte de este grupo deberían desafiñarse.

Aunque aparentemente simple, existe un problema de sobrecarga de tráfico en los clústeres que reciben "sensores huérfanos". Habría métodos eficientes para crear nuevos clústeres cuando uno desaparece, y no solo hacer que otro grupo adopte a los huérfanos, que es la forma en que funciona ahora.

Una tercera investigación derivada de nuestra tesis sería extender nuestro modelo de despliegue de sensores direccionales en un espacio 3D para que pueda considerar posibles obstáculos en el lugar donde se ubican los sensores. Nuestro modelo actual no considera obstáculos entre los puntos para instalar los sensores y los puntos de interés para capturar. Adaptar el modelo a posibles obstáculos en un espacio 3D no es fácil y se requiere mucha investigación para encontrar una solución adecuada.

Por último, sería interesante buscar una solución computacional para el modelo utilizando una heurística diferente a la presentada en esta investigación. La solución con un algoritmo codicioso ofrece excelentes resultados; sin embargo, si se requiere una mejor solución, con respecto a los problemas de gran tamaño, sería aconsejable utilizar la heurística basada en una búsqueda tabu o un algoritmo genético (usando algoritmo codicioso resulta como la solución inicial a estas heurísticas) y luego comparar la calidad de las soluciones obtenidas.

Bibliografia

[1] K. Akkaya and M. Younis. Energy and QoS aware routing in wireless sensor networks. Cluster Computing, 8(2–3):179–88, 2005.

[2] Kemal Akkaya and Mohamed Younis. A survey on routing protocols for wireless sensor networks. Ad Hoc Networks, 3(3):325–349, 2005.

[3] I. F. Akyildiz, W. Su, Y. Sankarasubramaniam, and E. Cayirci. Wireless sensor networks: a survey. Computer Networks, 38(4):393–422, 2002.

[4] I.F. Akyildiz, T. Melodia, and K.R. Chowdhury. A survey on wireless multimedia sensor networks. Computer Networks, 51(4):921 – 960, March 2007.

[5] M.M.N. Aldeer. A summary survey on recent applications of wireless sensor networks. In IEEE Student Conference on Research and Development (SCOReD), pages 485–490, Dec 2013.

[6] Hande Alemdar and Cem Ersoy. Wireless sensor networks for healthcare: A survey.Computer Networks, 54(15):2688 – 2710, 2010.

[7] Islam T Almalkawi, Manel Guerrero Zapata, Jamal N Al-Karaki, and Julian MorilloPozo. Wireless multimedia sensor networks: current trends and future directions. Sensors, 10(7):6662–6717, July 2010.

[8] M. Alnuaimi, F. Sallabi, and K. Shuaib. A survey of Wireless Multimedia Sensor Networks challenges and solutions. In 2011 International Conference on Innovations in Information Technology (IIT), pages 191–196, April 2011.

[9] M.A. Alzate, J.-C. Pagan, N.M. Pena, and M.A. Labrador. End-to-end bandwidth and available bandwidth estimation in multi-hop IEEE 802.11b ad hoc networks. In 42nd Annual Conference on Information Sciences and Systems., pages 659 –664. IEEE, march 2008.

[10] Liliana M. C. Arboleda and Nidal Nasser. Comparison of clustering algorithms and protocols for wireless sensor networks. In Canadian Conference on Electrical and Computer Engineering., pages 1787–1792, 2006.

[11] ASU. Arizona State University Video Traces Research Group, 2010. http://traces.eas.asu.edu/yuv/index.html.

[12] D. Bajaj and Manju. Maximum coverage heuristics (MCH) for target coverage problem in wireless sensor network. In IEEE International Advance Computing Conference (IACC), 2014, pages 300–305, Feb 2014.

[13] M. Bal. Industrial applications of collaborative Wireless Sensor Networks: A survey. In IEEE 23rd International Symposium on Industrial Electronics (ISIE), pages 1463–1468, June 2014.

[14] A.R. Bashandy, E.K.P. Chong, and A. Ghafoor. Generalized quality-of-service routing with resource allocation. IEEE Journal on Selected Areas in Communications, 23(2):450 – 463, feb. 2005.

[15] Bhaskar Bhuyan, Hiren Kumar Deva Sarma, Nityananda Sarma, Avijit Kar, Rajib Mall, et al. Quality of Service (QoS) provisions in wireless sensor networks and related challenges. Wireless Sensor Network, 2(11):861–868, 2010.

[16] Athanassios Boulis and Mani Srivastava. Node-level energy management for sensor networks in the presence of multiple applications. Wireless Networks, 10(6):737–746, 2004.

[17] R. Braden, D. Clark, and S. Shenker. Integrated Services in the Internet Architecture: an Overview. RFC 1633, IETF, June 1994.

[18] Tiago Camilo, Carlos Carreto, Jorge Silva, and Fernando Boavida. An energy-efficient ant-based routing algorithm for wireless sensor networks. In Springer Berlin, editor, Ant Colony Optimization and Swarm Intelligence, volume 4150/2006, pages 49–59. 2006.

[19] M. Cardei, M. Thai, and W. Wu. Energy-efficient target coverage in wireless sensor networks. In Proc. IEEE Infocom, Miami, Florida, USA, 2005.

[20] Min Chen, Victor C. M. Leung, Shiwen Mao, and Yong Yuan. Directional geographical routing for real-time video communications in wireless sensor networks. Computer Communications, 30(17):3368–3383, 2007.

[21] Wei-Ming Chen, Chung-Sheng Li, Fu-Yu Chiang, and Han-Chieh Chao. Jumping ant routing algorithm for sensor networks. Computer Communications, 30(14-15):2892–2903, 2007.

[22] Luis Cobo, Alejandro Quintero, and Samuel Pierre. Ant-based routing for Wireless multimedia sensor networks using multiple qos metrics. Computer Networks, 54(17):2991– 3010, 2010.

[23] IBM ILOG CPLEX Optimization Programming Language (OPL) V6.3, 2015. http://www-01.ibm.com/software/websphere/products/optimization/.

[24] Vijaya Kumar B.P. Dilip Kumar S.M. EAAC: Energy-Aware Admission Control Scheme for Ad Hoc Networks. World Academy of Science, Engineering and Technology, 27:934–943, March 2009.

[25] M. Dorigo and G. D. Caro. Antnet: Distributed stigmergetic control for communications networks. Journal of Artificial Intelligence Research, 9:317–365, 1998.

[26] Marco Dorigo and Christian Blum. Ant colony optimization theory: A survey. Theoretical Computer Science, 344(2-3):243–278, 2005.

[27] Marco Dorigo and Thomas Stützle. Ant colony optimization. MIT Press, Cambridge,Mass., 2004.

[28] M.P. Durisic, Z. Tafa, G. Dimic, and V. Milutinovic. A survey of military applications of wireless sensor networks. In Mediterranean Conference on Embedded Computing (MECO), pages 196–199, June 2012.

[29] E. Felemban, Lee Chang-Gun, and E. Ekici. MMSPEED: Multipath Multi-SPEED protocol for QoS guarantee of reliabilityand timeliness in wireless sensor networks. IEEE Transactions on Mobile Computing, 5(6):738–754, 2006.

[30] G. Feng, C. Douligeris, K. Makki, and N. Pissinou. Performance evaluation of delayconstrained least-cost QoS routing algorithms based on linear and nonlinear Lagrange relaxation. In IEEE International Conference on Communications. ICC 2002., volume 4, pages 2273–2278, New York, NY, USA, May 2002.

[31] M. R. Garey and D. S. Johnson. Computers and Intractability: A Guide to the Theory of NP-Completeness . W. H. Freeman, NY, first edition edition, Jan. 1979.

[32] R. GhasemAghaei, A. Rahman, W. Gueaieb, and A. El Saddik. Ant colony-based reinforcement learning algorithm for routing in wireless sensor networks. In IEEE Instrumentation and Measurement Technology Conference Proceedings, 2007. IMTC 2007.,pages 1–6, Warsaw, Poland, may 2007.

[33] L. Golubchik, J.C.S. Lui, T.F. Tung, A.L.H. Chow, W.-J. Lee, G. Franceschinis, and C. Anglano. Multi-path continuous media streaming: what are the benefits? In International Symposium on Computer Performance Modeling, Measurement and Evaluation.

PERFORMANCE 2002, volume 49, pages 429 – 49, Rome, Italy, Sept. 2002. Elsevier, Netherlands.

[34] D. Grossman. New Terminology and Clarifications for Diffsev. RFC 3260, IETF, April 2002.

[35] H. Gupta, S.R. Das, and Q. Gu. Connected sensor cover: self-organization of sensor networks for efficient query execution. In Proc. ACM Mobihoc, Annapolis, Maryland, USA, 2003.

[36] Eren Gurses and Ozgur B. Akan. Multimedia Communication in Wireless Sensor Networks. Annals of Telecommunications, 60(7–8):799–827, 2005.

[37] L. Hanzo-II and R. Tafazolli. A survey of qos routing solutions for mobile ad hoc networks. IEEE Communications Surveys Tutorials, 9(2):50 – 70, 2nd quarter 2007.

[38] L. Hanzo II and R. Tafazolli. Admission control schemes for 802.11-based multi-hop mobile ad hoc networks: a survey. IEEE Communications Surveys Tutorials, 11(4):78–108, fourth quarter 2009.

[39] Tian He, John A Stankovic, Chenyang Lu, and Tarek Abdelzaher. SPEED: A stateless protocol for real-time communication in sensor networks. In Proceedings. 23rd International Conference on Distributed Computing Systems, 2003., pages 46–55, Providence, RI, United States, 2003. IEEE.

[40] W. B. Heinzelman, A. P. Chandrakasan, and H. Balakrishnan. An application-specific protocol architecture for wireless microsensor networks. IEEE Transactions on Wireless Communications, 1(4):660–670, Oct 2002.

[41] A. Hossain, P.K. Biswas, and S. Chakrabarti. Sensing Models and Its Impact on Network Coverage in Wireless Sensor Network. In IEEE Region 10 and the Third international Conference on Industrial and Information Systems, ICIIS., pages 1 – 5, Kharagpur, December 2008. IEEE, Piscataway, NJ, USA.

[42] Yung-Tsung Hou, Tzu-Chen Lee, Chia-Mei Chen, and Bingchiang Jeng. Node placement for optimal coverage in sensor networks. In IEEE International Conference on Sensor Networks, Ubiquitous, and Trustworthy Computing, 2006, volume 1, pages 6 pp.–, June 2006.

[43] HaiPing Huang, Xiao Cao, RuChuan Wang, and YongGang Wen. A QoS-aware routing algorithm based on ant-cluster in wireless multimedia sensor networks. Science China Information Sciences, 57(10):1–16, 2014.

[44] Hua Huang, Chien-Chun Ni, Xiaomeng Ban, Jie Gao, A.T. Schneider, and Shan Lin. Connected wireless camera network deployment with visibility coverage. In Proceedings IEEE INFOCOM, 2014, pages 1204–1212, April 2014.

[45] Paul Barom Jeon and George Kesidis. Pheromone-aided robust multipath and multipriority routing in wireless MANETs. In Proceedings of the 2nd ACM international workshop on Performance evaluation of wireless ad hoc, sensor, and ubiquitous networks, PE-WASUN '05, pages 106–113, New York, NY, USA, October 2005. ACM.

[46] Dionisis Kandris, Michail Tsagkaropoulos, Ilias Politis, Anthony Tzes, and Stavros Kotsopoulos. Energy efficient and perceived qos aware video routing over wireless multimedia sensor networks. Ad Hoc Networks, 9(4):591–607, 2011.

[47] Chih-Heng Ke, Ce-Kuen Shieh, Wen-Shyang Hwang, and Artur Ziviani. An Evaluation Framework for More Realistic Simulations of MPEG Video Transmission. Journal of Information Science and Engineering, 24(2):425–440, 2008.

[48] Jirka Klaue, Berthold Rathke, and Adam Wolisz. EvalVid - A Framework for Video Transmission and Quality Evaluation. In Peter Kemper and William Sanders, editors, Computer Performance Evaluation. Modelling Techniques and Tools, volume 2794 of Lecture Notes in Computer Science, pages 255–272. Springer Berlin / Heidelberg, 2003.

[49] Sanjay Kumar, Mayank Dave, and Surender Dahiya. ACO Based QoS Aware Routing for Wireless Sensor Networks with Heterogeneous Nodes. In Sabnam Sengupta, Kunal Das, and Gitosree Khan, editors, Emerging Trends in Computing and Communication, volume 298 of Lecture Notes in Electrical Engineering, pages 157–168. Springer India, 2014.

[50] Shancang Li, LiDa Xu, and Shanshan Zhao. The internet of things: a survey. Information Systems Frontiers, 17(2):243–259, April 2015.

[51] Ming Liu, Yange Sun, Rui Liu, and Xiaoyan Huang. An improved ant colony qos routing algorithm applied to mobile ad hoc networks. In International Conference on Wireless Communications, Networking and Mobile Computing, WiCOM '07, pages 1641–1644, Shanghai, China, 2007.

[52] Chengzhi Long, Sha Liao, Xu Zou, Xiaoming Zhou, and Na Zhang. An Improved LEACH Multi-hop Routing Protocol

Based on Intelligent Ant Colony Algorithm for Wireless Sensor Networks. Journal of Information and Computational Science, 11(8):2747–2757, May 2014.

[53] Huadong Ma, Xi Zhang, and Anlong Ming. A coverage-enhancing method for 3D directional sensor networks. In Proceedings 28th IEEE INFOCOM International Conference on Computer Communications., pages 2791 – 2795, 2009.

[54] Samir Medjiah, Toufik Ahmed, and Abolghasem Hamid Asgari. Streaming multimedia over WMSNs: an online multipath routing protocol. International Journal of Sensor Networks, 11(1):10–21, Jan 2012.

[55] T. Melodia and I.F. Akyildiz. Cross-Layer QoS-Aware Communication for Ultra Wide Band Wireless Multimedia Sensor Networks. IEEE Journal on Selected Areas in Communications, 28(5):653 – 663, June 2010.

[56] S. Misra, M. Reisslein, and Xue Guoliang. A survey of multimedia streaming in Wireless sensor networks. IEEE Communications Surveys and Tutorials, 10(4):18–39, 2008.

[57] Rajani Muraleedharan and Lisa Ann Osadciw. A predictive sensor network using ant system. In SPIE Defense and Security Symposium, volume 5440 of Proceedings of the SPIE - The International Society for Optical Engineering, pages 181–192, Orlando, FL, USA, 2004. SPIE-Int. Soc. Opt. Eng.

[58] The Network Simulator NS-2. http://www.isi.edu/nsnam/ns/, 2010.

[59] Yahya Esmail Osais, Marc St-Hilaire, and Fei R. Yu. Directional Sensor Placement with Optimal Sensing Range, Field of View and Orientation. Mobile Networks and Applications, 15(2):216–225, April 2010.

[60] Mark A. Perillo and Wendi B. Heinzelman. Sensor management policies to provide application QoS. Ad Hoc Networks, 1(2–3):235–246, 2003.

[61] Charles E. Perkins and Elizabeth M. Belding-Royer. Quality of Service for Ad hoc OnDemand Distance Vector Routing, Internet Draft, draft-perkins-manet-aodvqos-02.txt, October 2003.

[62] Sameera Poduri, Sundeep Pattem, Bhaskar Krishnamachari, and Gaurav S. Sukhatme.Sensor Network Configuration and the Curse of Dimensionality. In The Third IEEE Workshop on Embedded Networked Sensors, 2006.

[63] Ilias Politis, Michail Tsagkaropoulos, Tasos Dagiuklas, and Stavros Kotsopoulos. Power efficient video multipath transmission over wireless multimedia sensor networks. Mobile Networks and Applications, 13(3–4):274 – 284, August 2008.

[64] Sukhchandan Randhawa. Research challenges in wireless sensor network: A state of the play. arXiv preprint arXiv:1404.1469, 2014.

[65] Yuan RAO, Leiyang FU, Changan YUAN, Xing SHAO, and Jun ZHU. Ant-based Clustered Multi-path QoS Routing for Wireless Multimedia Sensor Networks. Journal of Information and Computational Science, 9(16):4927–4935, 2012.

[66] N.-E. Rikli and M. Alabdulkarim. Cross-Layer-Based Adaptive Video Transport Over Low Bit-Rate Multihop WSNs. Electrical and Computer Engineering, Canadian Journal of, 37(4):182–191, Fall 2014.

[67] Denis Rosario, Rodrigo Costa, Aldri Santos, Torsten Braun, and Eduardo Cerqueira. QoE-aware Multiple Path Video Transmission for Wireless Multimedia Sensor Networks. In 31th Brazilian Symposium on Computer Networks and Distributed Systems (SBRC), pages 31–44, 2013.

[68] Laura Rosati, Matteo Berioli, and Gianluca Reali. On ant routing algorithms in ad hoc networks with critical connectivity. Ad Hoc Networks, 6(6):827–859, 2007.

[69] S. Selvakennedy, S. Sinnappan, and Yi Shang. A biologically-inspired clustering protocol for wireless sensor networks. Computer Communications, 30(14–15):2786–2801, 2007.

[70] Lei Shu, Yan Zhang, Laurence T. Yang, Yu Wang, Manfred Hauswirth, and Naixue Xiong. TPGF: Geographic routing in wireless multimedia sensor networks. Telecommunication Systems, 44(1–2):79 – 95, June 2010.

[71] M. Sivajothi and E.R. Naganathan. An ant colony based routing protocol to support multimedia communication in ad hoc wireless networks. International Journal of Computer Science and Network Security. IJCSNS., 8(7):21–28, 2008.

[72] K. Sohrabi, J. Gao, V. Ailawadhi, and G. J. Pottie. Protocols for self-organization of a wireless sensor network. IEEE Personal Communications, 7(5):16–27, 2000.

[73] S. Soro and W.B. Heinzelman. On the coverage problem in video-based wireless sensor networks. In Proc. of the Second Workshop on Broadband Advanced Sensor Networks (BaseNets

05), volume 2, pages 932 – 939, Boston, MA, USA, Oct. 2005.

[74] Yan Sun, Huadong Ma, Liang Liu, and Yu'e Zheng. ASAR: an ant-based service-aware routing algorithm for multimedia sensor networks. Frontiers of Electrical and Electronic Engineering in China, 3(1):25 – 33, March 2008.

[75] V. Ukani, A. Kothari, and T. Zaveri. An Energy Efficient Routing Protocol for Wireless Multimedia Sensor Network. In International Conference on Devices, Circuits and Communications (ICDCCom), pages 1–6, Sept 2014.

[76] Huaming Wu and Alhussein A. Abouzeid. Error resilient image transport in Wireless sensor networks. Computer Networks, 50(15):2873–2887, 2006.

[77] Fan Xiangning and Song Yulin. Improvement on LEACH Protocol of Wireless Sensor Network. In International Conference on Sensor Technologies and Applications. SensorComm 2007., pages 260–264, Valencia, Spain, 2007.

[78] Hong-Hsu Yen. Novel visual sensor deployment algorithm in PTZ wireless visual sensor networks. In IEEE Asia Pacific Conference on Wireless and Mobile, 2014, pages 214–218, Aug 2014.

[79] E. Yildiz, K. Akkaya, E. Sisikoglu, and M.Y. Sir. Optimal Camera Placement for Providing Angular Coverage in Wireless Video Sensor Networks. IEEE Transactions on Computers, 63(7):1812–1825, July 2014.

[80] Xiaoyan Yin, Xingshe Zhou, Miao Pan, and Shining Li. Admission control with multiconstrained QoS providing in Wireless Sensor Networks. In Proc. Int Networking, Sensing and Control (ICNSC) Conference, pages 524–529, 2010.

[81] Zhang Ying, L. D. Kuhn, and M. P. J. Fromherz. Improvements on ant routing for sensor networks. In 4th International Workshop Ant Colony Optimization and Swarm Intelligence, pages 154–165. Springer-Verlag, Sept. 2004.

[82] M. Younis and K. Akkaya. Strategies and techniques for node placement in Wireless sensor networks: A survey. Ad Hoc Networks, 6(4):621 – 655, 2008.

[83] O. Younis and S. Fahmy. HEED: a hybrid, energy-efficient, distributed clustering approach for ad hoc sensor networks. IEEE Transactions on Mobile Computing, 3(4):366–379, 2004.

[84] X. Yu, P. Navaratnam, K. Moessner, and H. Cruickshank. Distributed Resource Reservation in Hybrid MAC with

Admission Control for Wireless Mesh Networks. Vehicular Technology, IEEE Transactions on, PP(99):1–1, 2015.

[85] Ying Zhang, Lukas D. Kuhn, and Markus P. J. Fromherz. Improvements on ant routing for sensor networks. In Ant Colony, Optimization and Swarm Intelligence, volume 3172 of Lecture Notes in Computer Science, pages 154–165. Springer, Berlin, first edition, 2004.

[86] Xiangquan Zheng, Wei Guo, and Renting Liu. An ant-based distributed routing algorithm for ad-hoc networks. In International Conference on Communications, Circuits and Systems, volume 1, pages 412–417, Chengdu, China, 2004.